104 formas de ENERGIZAR tus días

Ron Ball

104 formas de energizar tus días

por Ron Ball

Derechos reservados © 2017
Editorial RENUEVO

Reservados todos los derechos.
Prohibida la reproducción total o parcial de esta obra sin la debida autorización por escrito de Editorial RENUEVO.

ISBN: 978-1-942991-76-2

Publicado por
Editorial RENUEVO
www.EditorialRenuevo.com
info@EditorialRenuevo.com

Contenido

Introducción		9
1.	La Fórmula Wharton	11
2.	La ventana de las posibilidades	13
3.	Escucha a tu cuerpo	15
4.	Congraciarse	17
5.	El olfato	19
6.	Muévete	21
7.	Experta en relaciones	23
8.	Tranquilízate	25
9.	Al mal tiempo, buena cara	27
10.	Respuesta rápida	29
11.	Ubicación, ubicación, ubicación	31
12.	Un buen desayuno	33
13.	Duerme bien	35
14.	Derrotando a los lagartos	37
15.	Ríe a carcajadas	39
16.	Gratitud	41
17.	La enfermedad de la prisa	43
18.	Velocidad	45
19.	La epidemia	47
20.	Volcán	49
21.	Generosidad	51
22.	El poder del pueblo	53
23.	Profundo y amplio	55
24.	Creencia fundamental	57

25.	Ganando la carrera	59
26.	Tiempo de celebración	61
27.	Busca lo inesperado	63
28.	Transfórmalo	65
29.	Vitalidad juvenil	67
30.	Acondicionamiento físico	69
31.	¡La cosa no está tan mal!	71
32.	Elige ganar	73
33.	¡Ja ja ja!	75
34.	Curiosidad	77
35.	¿Qué hay en un nombre?	79
36.	Ideas	81
37.	Escápate	83
38.	Una meta digna	85
39.	El regalo correcto	87
40.	Gracias por los recuerdos	89
41.	Un sueño de chocolate	91
42.	Mira hacia adentro	93
43.	Siéntate recto	95
44.	Un corazón humilde	97
45.	Días nevados	99
46.	Coraje	101
47.	La lectura	103
48.	Un ambiente de armonía	105
49.	Esperando resultados	107
50.	Rizas	109
51.	Entusiasmo	111

52.	Experiencia sensorial	113
53.	El poder del oído	115
54.	Ábrete a lo inesperado	117
55.	La postura	119
56.	Levántate	121
57.	Supéralo	123
58.	Sé paciente	125
59.	Suficientemente duro	127
60.	Evita el veneno	129
61.	Invención	131
62.	La llamada telefónica	133
63.	Observa los hechos	135
64.	Sigue intentando	137
65.	Conquistando oportunidades	139
66.	Piensa primero	141
67.	Sé aventado	143
68.	Enemigos innecesarios	145
69.	No dejes de creer	147
70.	La sorpresa de la generosidad	149
71.	El desafío del cambio	151
72.	Mejoramiento	153
73.	Espera un milagro	155
74.	Aún no se termina	157
75.	Estírate	159
76.	Bosteza	161
77.	Manténte calmado	163
78.	Haz lo necesario	165

79.	La zona sin quejas	167
80.	Lee las señales	169
81.	Duerme bien	171
82.	Claridad mental	173
83.	Avanza	175
84.	El orden	177
85.	Abraza lo inesperado	179
86.	Lo que tienes en común con el moho mucilaginoso	181
87.	Fuera de lo establecido	183
88.	Nunca es demasiado tarde	185
89.	El supremo sacrificio	187
90.	Mantente joven	189
91.	Prepárate para lo inesperado	191
92.	La lealtad	193
93.	Pórtate joven	195
94.	Sigue adelante	197
95.	Único	199
96.	Celébrate	201
97.	Resiliencia	203
98.	El genio de la felicidad	205
99.	Haz que tus miedos salgan corriendo	207
100.	Un comienzo temprano	209
101.	GRANDE	211
102.	No se trata de ti	213
103.	Cómo ganar	215
104.	Ataca rápido	217

Introducción

Bienvenidos al excitante mundo de la inspiración cotidiana.

Tal como es importante tomar el desayuno cada mañana para que tu cuerpo reciba los nutrientes esenciales, también necesitas alimentar tu alma con nutrición espiritual y emocional. Tu salud y energía dependen de una dieta regular de las vitaminas y minerales correctos, y tu salud y energía interior dependen de la información dinámica y positiva.

Cada mañana, leo la Biblia y una sección del clásico libro devocional *My Utmost for His Highest* (*En pos de lo supremo*) de Oswald Chambers. Algunas veces, agrego un libro motivacional que me inspire a mejorar mi vida y mi éxito. Este festín diurno me da energía para el día y también aliento y enfoque. Este contenido es como el combustible para un cohete que me lanza hacia una mayor felicidad y mayores logros—que es por lo que estoy tan ansioso por presentarte las historias divertidas y poderosas en este libro. Cada segmento empieza con una historia poco común seguida de una lección positiva para tu día. Termina con un verso de la Biblia que encierra el mensaje. Cada lectura es simple y fácil de entender. Las lecciones son formas felices para que tanto tú como tu familia tengan una vida mejor.

Estos «emparedados energéticos» regulares fueron creados cuando mi hijo Jonathan entró un día a la cocina, con una idea, durante el año 2012. Explicó que había notado una respuesta tremenda de miles de personas que me escucharon en los seminarios alrededor del mundo. Él reconoció que muchas de las reacciones positivas se basaron en las historias y lecciones edificantes que investigué y enseñé en los eventos. Jonathan sugirió que escribiera un mensaje inspirador semanal para enviar a la gente de nuestra lista de correo y publicarlo en nuestras dos páginas de Facebook. Incluso le vino la idea de un nombre divertido: «Los Puntos de Ball».

Estuve de acuerdo y empecé a investigar y a escribir «Los Puntos de Ball». Inmediatamente, la gente empezó a enviarnos mensajes acerca de que «El Punto de Ball» de la semana los había bendecido y ayudado. Muchos de ellos estaban sorprendidos de que las perspectivas fueran tan interesantes y de gran importancia.

He continuado dando seguimiento a la idea de mi hijo y los resultados han sido espectaculares. Ahora, miles de personas reciben y leen «Los Puntos de Ball» cada semana. Dios ha bendecido esta difusión.

Este libro contiene 104 «Puntos de Ball» seleccionados de los cientos escritos. Hay suficientes para que puedas leer dos cada semana por un año. Yo sugiero el lunes (para empezar tu semana) y el miércoles (para alentarte a seguir adelante), pero tú tienes la libertad de programarlos como lo desees. Dos veces a la semana, aliméntate con la nutrición espiritual y emocional de «Los Puntos de Ball». Disfruta de estas «comidas felices». Comparte este libro con amigos y familiares que pudieran necesitar un impulso extra cada semana. Haz que tus hijos o nietos los lean; no son complicados. Comparte el gozo.

Recuerda que puedes leer «El Punto de Ball (Ballpoint)» de cada semana (en inglés) en nuestras páginas de Facebook o enviar tu correo a ChooseGreatness.com.

Dios te bendiga y bendiga tu éxito. Rezo porque estos pensamientos enaltezcan tu grandeza cada semana.

1 - La fórmula Wharton

Edith Wharton nació en 1862 en el seno de una familia estadounidense. Tuvo todas las ventajas de opulencia, educación y conexiones sociales. Publicó su primera obra (un volumen de poemas) cuando tenía 16 y su primer libro de no ficción, en decoración de hogares, catorce años más tarde, a la edad de 30. Publicó su primera novela a los 40.

Después de la novela, ganó varios premios, incluyendo el de la Legión de Honor Francesa y el Premio Pulitzer Americano. Con el tiempo, se convirtió en una de las autoras más famosas y más leídas en el mundo. Muchos de sus libros, tales como, *The Age of Innocence* (La edad de la inocencia) han sido adaptados en películas que han sido de un éxito apabullante.

En 1934, a la edad de 72 años, publicó sus memorias: *A Backward Glance: An Autobiography* (Una mirada al pasado: Autobiografía). En esa obra final, brindó su fórmula para una vida plena y feliz. Ella escribió: «Uno puede permanecer vivo mucho tiempo después de la fecha común de desaparición, si no vives con temor al cambio, si eres insaciable por la curiosidad intelectual, te interesas por las grandes cosas y eres feliz con las cosas pequeñas».

Permíteme separar sus palabras hacia lo que yo llamo, La Fórmula Wharton. Ella destaca cuatro claves de lo que llama la forma para «permanecer vivo»:

1. Sin temor al cambio. El cambio es común. Es inteligente hacerte amigo del cambio y utilizarlo para mejorar tu vida. Siempre mira hacia adelante y prepárate por lo que pudiera suceder. Mantente lo más listo posible para las diferentes posibilidades. Ve el cambio como una oportunidad para una aventura increíble. Puede lanzarte hacia nuevas y maravillosas rutas que pueden vitalizar tu vida.

2. Insaciable por la curiosidad intelectual. Esto mantiene tu cerebro joven. Cuando el Doctor David Snowden de la Universidad de Kentucky estudió a las Monjas Católicas Romanas de Mankato, Minnesota, encontró que, incluso en sus ochenta o noventa y tantos, conservaban las mentes frescas y jóvenes como las de las mujeres de treinta años. Observó que continuamente desafiaban sus límites intelectuales. Trabajaban en crucigramas y aprendieron ruso (¡a los ochenta y tantos!) para que fueran capaces de leer literatura rusa del siglo diecinueve.

3. Interesado en las grandes cosas. Enfócate en las grandes cosas de la vida. Ten grandes sueños que valgan la pena en tu vida. Piensa en Dios y su propósito para ti; centra tus pensamientos en el amor, la familia y la amistad. No pierdas tu tiempo en distracciones menores. Puedes medirte por las cosas que te hacen enojar.

4. Feliz con las cosas pequeñas. Aprende el arte de los placeres simples. Ayer por la tarde, leí un libro con mi esposa, Amy, frente a un fuego ardiente. Fue fantástico. Esta mañana, caminé tres millas por una calle tranquila y llena de árboles, y disfruté del ejercicio y el aire fresco de una mañana clara y soleada. Fue grandioso. Los placeres simples pueden satisfacer tu alma.

Me gusta la Fórmula Wharton. Tiene sentido para mí. Espero que tú la disfrutes también. Recuerda:

«Bienaventurado el hombre que halla la sabiduría y que obtiene la inteligencia.» (Proverbios 3.13 RVR1960)

2 - La ventana de las posibilidades

Me encontraba en la tina del baño cuando ocurrió. Amy y yo habíamos hecho trabajo voluntario para ayudar, por dos semanas, con un programa cristiano para el problema de las drogas en Pittsburg, Pennsylvania. Ambos hablábamos a grupos de adolescentes cada día, en un esfuerzo de guiarlos fuera de las drogas y hacer un compromiso positivo con Cristo. El trabajo fue un desafío. Estábamos quedándonos en la casa del director del programa, una impresionante casa victoriana en un suburbio de la ciudad. Una tarde, decidí tomar un buen baño caliente. En el momento en que me adormecí en el agua, comencé a revisar la semana y a pedirle a Dios que me diera ideas de cómo mejorar el programa. Me sentía cansado y descorazonado. Repentinamente, recordé que Amy me había pedido leer a un nuevo autor que ella había descubierto, al Dr. Robert Schuller. Él había escrito una serie de libros sobre lo que él llamo: «posibilidades del pensamiento». Alcancé el libro sobre una silla, me lo acerqué y empecé a leer. Por la siguiente hora, mi mente explotó con posibilidades; me sentí flotar de inspiración. La información era tan energizante que ni siquiera noté cuando el agua se enfrió. Leí hasta que terminé. No lograba reprimir la emoción. Salí del baño, me sequé, me envolví en una toalla y fui de prisa a la habitación. Desperté a Amy de su siesta y le dije que Dios había dado respuesta a mi oración por inspiración. Me sentí enardecido de pensamientos positivos.

Esa noche, yo era un orador diferente. Caminé al frente de mi inquieta audiencia de adolescentes y comencé a hablarles acerca de las asombrosas posibilidades que yacían en cada uno de ellos. En cuanto les dije acerca de las increíbles cosas que Dios podía hacer con ellos, empezaron a despertar a sus posibilidades. Esa noche, nuestro programa se convirtió en pura energía nuclear; la respuesta fue tremenda. Hay hombres y mujeres el día de hoy que han llevado vidas de cambio debido a esa semana.

Amy y yo escuchamos que Schuller estaba dando una conferencia en Fort Lauderdale, Florida. Utilizamos nuestros últimos recursos monetarios, condujimos hacia Florida y escuchamos a Schuller en vivo. Estábamos electrificados. Mi mente giraba con plenitud de posibilidades. Empezamos a leer tantos libros positivos como pudimos. (El que más me impactó fue, *The Magic of Thinking Big* [*La magia de pensar en grande*] por David J. Schwartz). Entre más esperamos cosas grandiosas, más nos bendice Dios. Amy y yo aprendimos que las expectativas positivas tienen poder para mover vidas.

Deseo que te pongas tus anteojos de «posibilidades» hoy. Abre tus ventanas de posibilidades; aprende a ver lo bueno de cada situación. Cuando hagas esto, vas a ver un mundo nuevo. Cuando me enfoqué en las dificultades y los problemas de los adolescentes en el programa de drogas, pasé al desaliento. Cuando comencé a buscar las posibilidades, todo cambió.

Permíteme sugerir lo siguiente:

1. Examina tu desafío más apremiante. Identifica, por lo menos, una posibilidad que esté oculta en el desafío.
2. Revisa tus relaciones inmediatas ¿Puedes ver posibilidades positivas que puedas desarrollar?
3. Descubre las posibilidades que existen solo debido a dónde vives.
4. Haz una lista de cinco posibilidades que estén disponibles para ti debido a tu personalidad e historial únicos.

Puede ser que estés sentado en una mina de oro plena de posibilidades asombrosas—solo necesitas verlas. Algunas veces, necesitas escarbar en tu propio patio trasero para ver lo que hay allí. Tu tesoro puede estar dónde ya estás.

La Biblia dice: «*Todo lo hizo hermoso en su tiempo.*» (Eclesiastés 3.11 RVR1960) ¡Las posibilidades son infinitas!

3 - Escucha a tu cuerpo

Recientemente, ordené una hamburguesa en un restaurante. Había disfrutado de las hamburguesas anteriormente en el mismo establecimiento y recordé su sabor excepcional. Cuando llegó mi emparedado, se veía tan delicioso como yo lo recordaba. Estaba caliente, jugoso y con un montón de tomates. Sonreí por la anticipación, abrí la boca y di un bocado emocionado. Al instante, algo salió mal. El sabor era raro y ofensivo; una sensación amarga asaltó mis papilas gustativas. No pude darle otro bocado; supe que sería un error continuar.

El cuerpo humano da señales inequívocas cuando hay algo malo con los alimentos. También envía señales en otras áreas: Cuando necesitas dormir, te vuelves somnoliento, cuando tienes sed, buscas agua. Cuando tienes hambre, comes. Siempre es inteligente escuchar a tu cuerpo.

En 1932, el Profesor Walter Cannon escribió un libro que desde ese tiempo se ha convertido en un clásico en fisiología humana titulado: *The Wisdom of the Body (La sabiduría del cuerpo)*. En esta obra, el Profesor Cannon introdujo y popularizó el concepto de «homeostasis», al cual la escritora de salud, Gretchen Reynolds llama: «el deseo del cuerpo de conservarse, por sí mismo, en balance y estable en sus funciones». Cannon, al comentar acerca de la homeostasis, escribió que: «de alguna manera, la materia inestable de la que estamos compuestos ha aprendido el truco de mantener la estabilidad».

Reynolds también dice (en referencia a la sensibilidad hacia tu cuerpo) que «hay veces en que no puedes seguir el ritmo del ejercicio que intentas, o sabes que has estado haciendo cosas en exceso. Los dolores musculares que no se van después de al menos tres días, según la mayoría de los expertos de ejercicios, pueden indicar una lesión incipiente de uso excesivo. Baja el ritmo o deja de hacer ejercicio de momento y consulta a un doctor o terapista físico». El Doctor Frank Booth, un profesor de ciencias biomédicas de la Universidad de Missouri, enfatiza que las lesiones por uso excesivo son tan comunes porque son lesiones por uso excesivo. El insinúa que deberíamos saber mejor cuándo deberíamos descansar en lugar de seguir forzándonos. Deberíamos, en otras palabras, «escuchar a nuestros cuerpos».

Aprende a sensibilizarte con tus señales internas. Tu cuerpo está diseñado para mantenerse en equilibrio. Presta atención a lo que te está diciendo:

Permíteme sugerir lo siguiente:

1. Cuando estés cansado, no insistas. Descansa. Cuando Dios terminó la creación del mundo, descansó—por lo tanto, debes hacer lo mismo.
2. Si muestras señales de falta de sueño, tales como somnolencia, irritabilidad o dificultad para concentrarte, entonces, incrementa la cantidad de tiempo de dormir. No dependas del café o de las bebidas energéticas cuando tu cuerpo te está diciendo que necesita dormir.
3. Cuando comas, mastica lentamente, para que puedas permitirle a tu cuerpo enviarte una señal cuando tu estómago esté satisfecho. Te vas a sentir mejor y mejorarás tu salud.
4. Si te sientes abatido, haz algo: Da un paseo, visita a alguien que te agrade. Las emociones depresivas se crecen en el aislamiento.

La Biblia dice en Salmos 127.2: *«Por demás que os levantéis de madrugada y vayáis tarde a reposar y que comáis pan de dolores; pues que a su amado dará Dios el sueño.»* (RVR1960)

Escucha a tu cuerpo. Dios ha programado el balance allí mismo en el núcleo de tus células.

4 - Congraciarse

¿Qué es congraciarse? En su libro: *The Golden Rule of Schmoozing: The Authentic Practice of Treating Others Well* (La regla de oro de congraciarse: La práctica auténtica de tratar bien a otros) Aye Jaye, prácticamente, lo define como su título lo sugiere: «La práctica auténtica de tratar bien a otros». Para ilustrarlo, él escribe: «Una vez, en un vuelo, cuando tenía escala en Chicago, un número de vuelos estaban retrasados y el aeropuerto era un caos. Logré cambiar una reservación ... pero observé al conserje del aeropuerto haciéndose cargo de clientes descontentos. Él estuvo allí como policía de tráfico, haciéndose cargo del asunto sin pérdida de tiempo. Quedé muy impresionado; por lo tanto, tuve una conversación con él. Intercambiamos nuestras tarjetas de negocios. Esa tarde, le escribí al Presidente Ejecutivo de la compañía para decirle acerca de la gran persona que había colocado en O'Hare. La próxima vez que entré al aeropuerto, el conserje se unió a mí en la puerta para agradecerme por la gentil carta y me invitó a la sala de la aerolínea. A medida que conversábamos, nos dimos cuenta que compartíamos el pasatiempo de los paseos en barco. Desde ese momento, nos hemos reunido para un buen número de viajes en barco».

En una ocasión, yo esperaba cambiar un cheque de fuera del estado en un banco de la ciudad dónde yo estaba dando una conferencia. Había una larga línea, por lo tanto, pasé el tiempo observando a la gente. Todos se notaban nerviosos. Muy pronto supe la razón. La cajera era hostil e insufrible. Se ponía difícil con cada persona que llegaba a su presencia. Observé, esperé y planeé mi estrategia. Cuando llegó mi turno, sonreí e hice un halago a su apariencia. Le dije que había notado que ella llevaba un broche poco común y dije que me recordaba a uno que mi abuela poseía y a quien yo amé muchísimo (lo cual era verdad). Ella me devolvió la sonrisa, cambió mi cheque (sin pedirme la identificación) y me pidió que regresara; que estaría contenta de ayudarme en cualquier momento.

Las dos historias demuestran el arte de congraciarse. En ambas situaciones, fuimos simplemente amables con la gente. En la historia de Chicago, Jaye halagó al empleado de la aerolínea e incluso escribió una carta de recomendación. En mi historia, yo también hice un halago a la dama del banco y comenté acerca de un broche que obviamente la hizo sentir especial. Jaye pregunta: «¿Tienes la voluntad de dar cinco por ciento más de lo que es la tarifa de las propinas? ¿Tienes la voluntad de escuchar un chiste que ya escuchaste antes sin interrumpir para decir: "Ese ya lo escuché antes"?» Si respondes que sí, Jaye dice que estás listo para aprender el arte de congraciarse.

Permíteme sugerir:

1. Haz todo el bien que puedas. Amy y yo siempre dejamos una propina en los cuartos de los hoteles para las encargadas de la limpieza que no conocemos. ¿Por qué? Porque las encargadas de la limpieza son, generalmente, mujeres que tienen poco dinero y trabajan muy duro para apoyar a sus familias. Deseamos bendecirlas y agregar algo de alegría a su día.
2. No agregues estrés a otras personas. Encuentra formas de hacer la vida más fácil para todos los que conozcas.
3. Halaga a las personas tan frecuentemente como puedas.
4. Sé paciente.
5. Sigue la clásica regla de oro: Haz por otros lo que te gustaría que hicieran por ti.
6. Haz feliz a las personas. Haz cosas inesperadas y divertidas para los meseros, empleados de ventas, operadores de peaje y otras personas que compartan tu mundo cotidiano.
7. Da y se te dará. Jesús dice: «*Da y se os dará*». (Lucas 6.38 RVR 1960) Cuando felizmente te congracias con la gente, es mucho más probable que recibas su ayuda.

Diviértete, haz el bien y alegra el día de alguien. Dios te bendecirá cuando tú bendigas a otros.

5 - El olfato

Investigaciones en el Instituto de Fisiología Circadiana en la Escuela Médica Harvard indican que el olor correcto puede impulsar la agudeza mental. Investigaciones en Japón han encontrado una conexión entre olores y el comportamiento. La Universidad de Cincinnati probó el efecto de oler en los trabajadores y descubrió que la fragancia correcta mantiene a la gente más alerta y mejora su desempeño (especialmente en tareas rutinarias). Una investigación sorprendente en ondas cerebrales de la Universidad Tojo en Japón identificó aromas específicos que pueden lograr relajar o estimular el cerebro. Los científicos, incluso, encontraron olores que lograron hacer la función de ciertas partes del cerebro más eficientes. Los investigadores en el Instituto Politécnico Rensselaer en Troy, Nueva York, afirman que la gente que trabaja en un ambiente placenteramente aromatizado son 25 por ciento más productivos, más eficientes, sienten más confianza y son mejores para resolver conflictos.

La nariz humana puede, potencialmente, detectar más de 7.500 diferentes olores. Debido a que el oler está directamente registrado por el cerebro (el único de los cinco sentidos que es así), el olor correcto puede, de hecho, crear cambios en los sentimientos, niveles de energía e incluso memoria. El Doctor Lewis Thomas dijo que el oler «contiene todos los grandes misterios». Harold Bloomfield, MD escribe: «Cada respiración que tomas pasa corrientes de moléculas de aire sobre los sitios olfativos en tu nariz y los olores inundan los receptores nerviosos en tus cavidades nasales, donde cinco millones de células lanzan impulsos directamente a la corteza cerebral y el sistema límbico— el área intensamente emocional, misteriosa y milenaria del cerebro donde experimentas sentimientos, deseos y manantiales de energía creativa. Ciertos aromas parecen activar mensajeros químicos específicos o neurotransmisores en el cerebro».

Las investigaciones han encontrado que algunos aromas logran ciertas cosas: Las esencias de menta y limón parecen impulsar la energía rápidamente. La lavanda parece ayudar con la relajación. Las aromas de pastel de miel y vainilla parecen alentar la cercanía personal y sexual.

Permíteme sugerir lo siguiente:

1. Obsérvate por una semana. Registra en un cuaderno cómo te sientes cuando te encuentras con olores particulares.
2. Acude tanto a una tienda de velas aromáticas como a una de fragancias y prueba diferentes esencias. Nota cómo te sientes con cada experiencia.
3. Coloca las fragancias que te hacen sentir más feliz en ubicaciones clave en tu hogar y/o oficina. Mi esposa Amy coloca velas aromáticas en cada habitación de nuestra casa. ¡Es grandioso!
4. Verifica las fragancias que usas y observa cómo te hacen sentir. Pregunta a familiares y amigos cómo se sienten cuando huelen esas fragancias.

La Biblia dice, «*Asombrosa y maravillosamente he sido hecho [por Dios]*». (Salmos 139.14 LBLA) Él te ha dado tantas maneras de disfrutar de la vida y oler debe ser una de ellas.

Haz que tu vida huela mejor y podrá ser mejor.

6 - Muévete

Muchos de ustedes saben que he sido un corredor dedicado por más de veinte años. Comencé a correr el 2 de julio de 1992, mientras hablaba en una conferencia en Reston, Virginia, y nunca he parado. Corro en cada lugar, con todas las clases de clima y entre 25 a 30 millas (40 a 48 km) a la semana. Duermo bien; tengo una mente rápida y clara, y digiero los alimentos fácilmente. Me siento maravilloso. Estoy convencido de que mi ejercicio diario contribuye a todos estos resultados saludables.

No te estoy aconsejando que corras, pero sí te aliento a que empieces a moverte y hagas algo físico cada día. Amy no corre, pero sí camina de una a dos millas (1,6 a 3,2 km) conmigo, cada noche. Lo importante es hacer algo.

Recientemente, descubrí investigaciones que confirman el valor del ejercicio regular. El Doctor John Ratey es un profesor clínico asociado de psiquiatría, de la Escuela Médica Harvard. A.J. Jacobs, al comentar sobre la información del Dr. Ratey, escribe: «El ejercicio, según Ratey, mejora tu cerebro tanto a corto plazo (eres más agudo por un par de horas, después de actividad aeróbica) y a largo plazo (previene al cerebro de envejecer y de la enfermedad del Alzheimer). Fortifica al cerebro en todo tipo de áreas, incluyendo la concentración, la memoria, el estado de ánimo y el control de los impulsos».

Jacobs también encontró en un estudio en el Research Quarterly for Exercise and Sport (Investigación Trimestral del Ejercicio y los Deportes) que «los estudiantes de Georgia que hicieron cuarenta minutos de ejercicio diario mostraron más mejoramiento académico que aquéllos que lo hicieron veinte minutos al día. Aquéllos que no hicieron ejercicio, no mostraron mejoramiento alguno».

Jacobs continúa hablando del Doctor Ratey y expresa además: «A nivel celular —Ratey dice—, el ejercicio incrementa la plasticidad neuronal [la flexibilidad del cerebro y el aprendizaje], la corriente sanguínea y los niveles de una proteína llamada "factor neurotrópico derivado del cerebro" (BDNF), al cual da el nombre de: "crecimiento milagroso para el cerebro"».

Obviamente, el ejercicio es bueno para tu cerebro, y esta investigación ni siquiera menciona los beneficios conocidos para tu corazón y músculos.

Mi recomendación es simple: Sal y muévete. Si no te has ejercitado por años, visita a tu doctor y haz un plan basado en su consejo. Aumenta tu nivel de estado físico y puedes mejorar tu salud. Puede que incluso vivas más años.

Haz lo siguiente:

1. Empieza lenta y simplemente. Intenta una caminata breve.
2. Encuentra amigos deportivos que harán actividades contigo.
3. Incrementa (gradualmente) tu nivel de actividad.
4. Haz que el ejercicio sea divertido. ¡Pasa un buen rato!

Dios te dio tu cuerpo; Él lo considera importante. Es significativo que cuando Dios señaló al joven David como el próximo rey de Israel al profeta Samuel, Él específicamente comentó acerca de su salud y estado físico: «*Rebosaba de salud y tenía fina apariencia y de buen parecer.*» (1 Samuel 16.12 RVR1960)

7 - **Experta en relaciones**

Max Schuster y Richard Simon eran amigos y socios. Decidieron unir sus fortalezas y construir una compañía editorial en la ciudad de Nueva York. La llamaron el nuevo emprendimiento Simon & Schuster. El día de hoy, es una de las casas editoriales más grandes del mundo. En 1928, Edward Bernays, considerado el padre de la publicidad moderna, conoció a una joven mujer en una fiesta. Joan Lowell ha sido descrita por Melissa Katsoulis en su libro, como: «Impresionantemente robusta, con enérgica personalidad y ojos de un café profundo, por los maravillosos cuentos que ella narraba acerca de su vida en el mar... daba conferencias, de vez en cuando, acerca de sus proezas en el buque mercante de su padre, el Minnie Caine, en el cual ella pasó los primeros diecisiete años de su vida como la única mujer a bordo». Sus conferencias incluían historias de extraños rituales marinos, culturas isleñas exóticas, aventuras osadas e incluso naufragios y experiencias cercanas a la muerte. Fue tanta la impresión que causó en Bernays que presentó a Lowell con un agente literario, George Bye, quien era bien conocido por organizar almuerzos dónde solía presentar nuevos talentos. En uno de estos eventos, Bye presentó a Lowell con Simon & Schuster. Quedaron tan impresionados con Joan que le ofrecieron un contrato para publicar la historia de su vida. Cuando su libro, *Cradle of the Deep* (Cuna de la alta mar) fue publicado en 1929, se convirtió en un enorme mejor vendido y rápidamente dio a Joan una ganancia en regalías de $50.000, una suma sustancial en ese tiempo. Simon y Schuster rebozaban de alegría, cuando de repente fue revelado que Joan era un fraude. Ella era, de hecho, Helen Wagner, una incipiente actriz californiana, quien apenas había salido al océano del todo. Había mentido acerca de su pasado y creado un registro falso de sus experiencias. El escándalo y la vergüenza fueron increíbles. ¿Qué permitió a una mujer desconocida el engañar al establecimiento literario de los Estados Unidos? La respuesta es simple: Ella sabía cómo relacionarse. Haciendo contactos, construyó su ruta hacia la escena social de Nueva York. Se hizo amiga de Bernays, a quien todos conocían. Éste la presentó con el agente George Bye, quien la presentó a su vez con los gigantes editoriales Max Schuster y Richard Simon. Utilizó sus contactos y relaciones para avanzar en su fraudulenta carrera. ¿Cuál es tu lección acerca de todo esto? La clave para avanzar es frecuentemente a quién conoces. Necesitas mejorar tus habilidades para relacionarte. Necesitas aprender el arte de hacer conexiones.

Permíteme sugerir lo siguiente:

1. Haz una lista de los que conoces. Tómate tu tiempo y hazla lo más completa posible. Cada vez que registres un nombre, escribe abajo lo que la persona hace. Pregúntate ¿es esta persona alguien que pueda ayudarme a lograr mis metas en la vida?
2. Haz una lista de personas que quieres conocer. Escribe por qué junto a cada nombre.
3. Empieza por contactar a cada persona en tu lista. Está preparado para dar una razón de tu contacto. Reúnete con personas para el almuerzo o tomar un café. Haz algo para relacionarte con cada persona.
4. Encuentra algo que puedas hacer para ayudar a las personas en tu lista.
5. Incrementa tus habilidades para relacionarte al escribir notas de agradecimiento y dar a las personas palabras de aliento. Ponte en contacto con viejos amigos.
6. Ve a reuniones para hacer contacto con el tipo de personas que quieres conocer. Mucho del éxito es solamente presentarse.

La Biblia dice en Romanos 12.13: «*Practica la hospitalidad*». *(RVR1960)* La palabra significa ser generoso, servicial y de apoyo a otras personas. Es una forma de amabilidad avanzada. Conviértete en una persona hospitalaria y generosa en tus relaciones. Si Joan Lowell pudo lograr lo que hizo a través de su conexión de relaciones, ¿qué podrías lograr tú con el mismo enfoque?

8 - Tranquilízate

No hubo ninguna advertencia. Estaba parado en el semáforo esperando salir de un centro comercial a las 9 de la noche de un sábado. Era una noche fresca de primavera, por lo tanto, las ventanas de mi auto estaban cerradas. Escuchaba la radio. Sin ninguna advertencia, un hombre apareció en mi ventana. No pude escuchar sus palabras, pero vi que estaba haciendo gestos salvajes y gritando.

Bajé el vidrio de mi ventana y le pregunté si necesitaba ayuda. Me miró con furia y comenzó a maldecirme. Me dijo que estaba en el vehículo detrás de mí y quería saber por qué no me había movido. Respondí que el semáforo estaba en rojo. Respondió que deseaba dar vuelta a la derecha y yo le estaba estorbando. Yo iba derecho y no a dar vuelta a la derecha. Esto no hizo ninguna diferencia en su estado de ánimo. Me gritó que yo era un estúpido ##!!**&*##@ y que me quitara de su camino.

Un poco tiempo después de esto, estaba yo en un aeropuerto y oí hablar a un hombre de negocios con dos asistentes de la aerolínea. Estaba desbordante de furia porque su vuelo se había cancelado. Con paciencia, le explicaron que una tormenta de nieve había interrumpido el vuelo, pero continuaba abusando de ellos verbalmente, aun sabiendo que ésto en nada beneficiaría o cambiaría su situación.

Permíteme alentarte a que te calmes y contengas tu ira. Bill Hybels, el pastor titular de la iglesia Willow Creek Community Church cerca de Chicago, dice que una vez encontró a dos miembros del personal teniendo una disputa. Observó cómo los dos cada vez se ponían más irritados. Los detuvo y les dijo que estaba instituyendo una nueva regla: En cuanto ocurriera un desacuerdo, quería que todos se detuvieran, se tranquilizaran y luego continuaran con la discusión. Explicó que las palabras con rabia son como la gasolina en un incendio; solo empeoran todo. Al escribir acerca de este incidente, dijo que cuando veas que una conversación se está poniendo caliente, de inmediato deberías sosegarla.

Si tienes desafíos con tu temperamento, permíteme sugerirte lo siguiente:

1. Detente y tómate un momento para calmarte. Los estudios psicológicos han encontrado que tenemos de tres a cinco segundos antes de explotar. Entrénate para utilizar esta ventana de tiempo para detenerte antes de que digas o hagas algo de lo que puedas arrepentirte.
2. Baja la voz y habla con lentitud. Tengo un amigo muy exitoso que siempre responde a una situación de estrés bajando la voz a propósito y hablando con lentitud. He observado cómo su técnica tranquiliza a la gente y desactiva momentos potencialmente explosivos. He visto que le funciona cada vez que lo hace.
3. Da un paso hacia atrás. Cuando lo haces, corporalmente estás enviando una señal tranquilizadora. Puedes aflojar la tensión con esta simple acción.
4. Respira lentamente hacia dentro y fuera. Esto instantáneamente empezará a desestresarte.
5. Pídele ayuda a Dios.

La Biblia dice: «*La blanda respuesta quita la ira; mas la palabra áspera hace subir el furor.*» *(Proverbios 15.1 RVR1960)* y «*Mejor es el que tarda en airarse que el fuerte; y el que se enseñorea de su espíritu, que el que toma una ciudad.*» *(Proverbios 16.32 RVR1960)*

Recuerda que la calma te mantiene en control.

9 - Al mal tiempo, buena cara

Ernest Hemingway, autor ganador del Premio Nobel una vez, describió a un verdadero hombre como «el que mantiene la calma bajo la presión». David Halberstam, al escribir acerca de Joe Torre (anterior entrenador del equipo estadounidense de béisbol de los Yankees de Nueva York) utilizó la misma frase para describirlo. Halberstam comparó la fuerza de Torre con lo que él consideró ser la imagen falsa de hombre duro de George Steinbrenner, dueño de los Yankees cuando Torre fue el entrenador. Halberstam escribió en un artículo para la ESPN.com el 5 de diciembre del 2001: «Una de las cosas que siempre me han fascinado cuando veo a hombres que están involucrados en feroces actividades, ya sea en la milicia o en los deportes ... es la diferencia entre ser fuerte y ser duro ... [el actuar duro causa] una cierta cantidad de fanfarronería, acoso y conversaciones de tipos duros. Torres es, de una forma tranquila, algo diferente. Él es calladamente fuerte».

Recientemente, volaba de regreso de Europa a los Estados Unidos y observé ambos: calma bajo presión y la falta de ésta varias veces. Cuando estábamos en la pista en Frankfurt, Alemania, preparándonos para despegar, se desabrochó el cinturón de un pasajero. La auxiliar de vuelo intentó arreglar el cinturón, sin éxito, se dio por vencida y anunció que tendríamos que regresar a la puerta. El compartimiento se convirtió en un himno de quejas y lamentos hasta que un caballero mayor tranquilamente pidió un momento, se acercó al pasajero, se inclinó sobre él con total concentración y abrochó el cinturón de nuevo. La gente le aplaudió y nos pusimos en camino porque un hombre no entró en pánico y calmadamente resolvió el problema. En mi vuelo de conexión en Detroit, Michigan, nos estábamos preparando para salir cuando la auxiliar de vuelo anunció que, debido a que un pasajero había hecho la observación de que el inserto de goma del apoyabrazos estaba suelto, estaríamos atrasados hasta que llegara un mecánico. El mecánico llegó 10 minutos más tarde, envolvió el apoyabrazos con tela adhesiva y se fue. Nos sentimos aliviados—hasta que el piloto anunció que no podríamos salir hasta que el mecánico llenara su reporte. Cuando transcurrió una hora en la cabina caliente y viciada, el piloto se disculpó y dijo que el papeleo se había perdido; no pudieron encontrar al mecánico y el proceso tendría que volver a llevarse a cabo. A este punto, un pasajero enfrente de mí comenzó a gritar y a mover los brazos. Explotó de ira y empezó a abusar de la auxiliar de vuelo de forma verbal. Cuando se tranquilizó, el hombre junto a mí, un acaudalado hombre de negocios, se me acercó y me dijo al oído: «¿No sabe que su exabrupto no logra nada? Solo incrementa su estrés y quedará avergonzado». El airado pasajero necesitaba calma bajo la presión.

Recuerda:

1. Te ves débil cuando explotas.
2. Vas a ser reconocido como un líder si te mantienes en calma. La gente sigue a aquéllos que muestran auto-control.
3. Debes detenerte a considerar los resultados que deseas en una situación de estrés. Actúa de una manera que te conduzca a resultados positivos.
4. También debes contener el mal lenguaje y las palabras furibundas. Cuando hablas con propiedad y dices palabras positivas, desaceleras la situación y ayudas a que todos los demás se calmen. Mientras guiaba a los Colts de Indianapolis al título del Super Bowl, el entrenador Tony Dungy dirigió su equipo sin obscenidades. Se ganó el respeto de sus jugadores y los fanáticos.
5. Tienes aproximadamente cinco segundos antes de perder el control. Utilízalos para calmarte y reafirmar tu autodominio.

«*Más vale ser paciente que valiente; más vale dominarse a sí mismo que conquistar ciudades.*» *(Proverbios 16.32 NBD)* Mantente en calma y control. La gente va a seguirte con respeto.

10 - Respuesta rápida

Una guía recientemente publicada para el comportamiento gentil indica que cuando se responde a un mensaje, obsequio o invitación, uno siempre debería responder con rapidez. Este es un principio básico de buenas relaciones. Después de mi primera reunión con Charles Stanley, un poderoso pastor que transmite en más de 250 estaciones de televisión, le envié un cheque por correo para el apoyo a su ministerio cristiano. Recibí una nota escrita a mano tres días más tarde. Cuando le di a George H.W. Bush una grabación que había hecho, recibí una nota de agradecimiento la misma semana. Esta es una señal de clase y respeto.

Mi hija, Allison, que es miembro electo de la Asociación de la Barra de Estudiantes de la facultad de derecho (también presidenta de la Sociedad Federalista y Co-Presidenta de la Sociedad Legal Cristiana) me platicó numerosas historias de los estudiantes de abogacía quienes, verbalmente, prometían asistir a un evento y no se presentaban. Ella dijo que la mayoría de las invitaciones personales ni siquiera fueron respondidas. Ella enviaba notas personales desde la Asociación de la Barra y recibía pocas respuestas. Los estudiantes pudieron fortalecer sus importantes conexiones con tan solo ser rápidos en responder.

Recientemente, hablé con el CEO de una gran y creciente compañía, quien entiende que su éxito corresponde a la velocidad de su respuesta a sus clientes. Me dijo que responde a cada mensaje en un periodo de 24 horas y personalmente agradece cada obsequio enviado a su oficina. Hace esto como una demostración de respeto a la persona que le envió el mensaje o el regalo. Ha construido una red de confianza que apoya el éxito de su compañía.

El hombre más acaudalado que conozco siempre agradece a las personas por lo que le envían. Otro líder que conozco pide a su asistente que investigue (y envíe un mensaje interrogante) a todas las posibles vías de contacto de alguien para asegurarse que la persona reciba su mensaje de agradecimiento. Un congresista de los Estados Unidos que ha sido elegido seis veces me dijo que el 90 por ciento del éxito es solo presentarse a trabajar. Cuando respondes rápido a una solicitud, creas una respuesta positiva correspondiente. También tengo un amigo en Tailandia quien es el mejor para responder rápidamente que yo conozca. Siempre responde con rapidez y consideración. Creo que esta es una de las razones por las que es tan exitoso financieramente.

Permíteme sugerir lo siguiente:

1. Muéstrale a las personas que importan al intentar responder a cada mensaje el mismo día. Si te encuentras inusualmente ocupado, asegúrate de responder en 24 horas.
2. Comprométete solamente en lo que intentas cumplir. Ve a cada evento al que prometes asistir. Esto te hará destacar como un líder y te ganará lealtad y respeto.
3. Explica y discúlpate rápidamente si algo inevitable interfiere con tu respuesta.
4. Di la verdad cuando no puedes hacer algo. La gente, frecuentemente, cuenta con tu asistencia y van a apreciar tu honestidad.
5. Apoya a tus amigos. Cuando tengan un evento, siempre trata de ir; tu presencia construye amistad. Esfuérzate por estar allí por ellos. Van a recordar tu apoyo.
6. Expresa apreciación verdadera por cada obsequio. Puede que no sea lo que tú hubieses elegido, pero es lo que alguien, sinceramente, quería para ti. Asegúrate que la persona sepa que estás agradecido.

La Biblia dice: «*Amaos los unos a los otros con amor fraternal.*» *(Romanos 12.10 RVR1960)* Recuerda que honras a las personas con tu respuesta rápida.

11 - Ubicación, ubicación, ubicación

Crecí en las Montañas Cumberland del sudeste de Kentucky. Cuando tenía ocho años, comencé a hacer excursionismo, ya fuera con amigos o solo. Esto era normal. Recibí instrucciones claras por parte de mis padres acerca de todo, desde encontrar direcciones, reconocer las plantas fiables y hasta lidiar con la vida salvaje. Incluso a esa edad temprana, fuí entrenado para estar consciente de lo que me rodeaba y otras técnicas de seguridad. Cada día, después de la escuela, yo solo (o con amigos) caminábamos hacia las colinas. Esa fue mi parte favorita de crecer. Hasta este día, tengo un amor profundo por el excursionismo y el alpinismo, los bosques y las montañas.

Una mañana de sábado temprano, le pedí a mi amigo Steve que escalara conmigo una dramática formación de rocas. La llamábamos «Las cuevas de tres pisos». Mi idea era salir al amanecer, caminar hasta las cuevas, encender un fuego, cocinar y tomar el desayuno y luego, pasar el resto del día explorando. Todo se fue desarrollando bien hasta justo después del mediodía. Habíamos decidido seguir una serie de crestas por las que nunca habíamos caminado antes y pronto, estuvimos completamente perdidos. Estábamos tan seguros de nuestras habilidades y experiencia, que no habíamos hecho ningún plan. Teníamos tanta certeza de que siempre sabríamos nuestra ubicación que ni siquiera trajimos una brújula.

Caminamos perdidos por unas ocho horas y pronto el sol empezó a ponerse. Justo antes de que oscureciera, encontramos un sendero y descendimos más de 1.000 pies hacia una carretera. Dos millas más adelante, ese camino nos condujo hacia una gasolinera que tenía teléfono. Llamé a mi padre, quien acudió a recogernos. Estábamos exhaustos.

La lección aquí es recordar la importancia fundamental de

planear. Nos perdimos porque no teníamos un plan, una brújula y ninguna forma de orientarnos en la naturaleza.

Necesitas planear tus acciones. Deberías tener siempre un mapa que te dé tu ubicación en la vida y te muestre a dónde vas. Cuando planeas, te proteges y creas opciones.

Permíteme alertarte de lo siguiente:

1. Un plan debería ser simple y fácil de seguir.
2. Un plan es para guía, no para estresarte. Puedes cambiarlo si es necesario.
3. Un plan es inteligente. Es una forma astuta de saber a dónde vas y cómo llegar a ese lugar.
4. Un plan te previene de perder el tiempo haciendo cosas que no son productivas.
5. Un plan te protege de reacciones emocionales temerarias. Te mantiene por el buen camino.

Empieza por un plan simple para esta semana. Haz un mapa de tu ubicación y planea cómo alcanzar las metas más importantes primero. Cuando controles una meta semanal, haz una mensual, trimestral y anual; y luego una por varios años, tal como un plan para cinco años. Vas a estar sorprendido por la libertad y el éxito que tus planes pueden producir.

«Porque yo sé los planes que tengo[a] para vosotros —declara el Señor— planes de bienestar y no de calamidad, para daros un futuro y una esperanza.» (Jeremías 29.11 LBLA)

Amy y yo hacemos todo con un plan. Funciona para nosotros y creo que puede funcionar también para ti.

12 - Un buen desayuno

Mi madre hace un gran desayuno. Cuando iba creciendo, mamá siempre me daba un desayuno enorme. Normalmente, comíamos huevos fritos, bizcochos con salsa, manzanas y papas fritas, pollo frito, jamón, tocino y chuletas de puerco. Este extenso menú estaba disponible casi todas las mañanas. Soñaba por la noche con el desayuno y despertaba con anticipación por la mañana. Los sábados, ella agregaba panqueques. Yo adoraba el desayuno. La cosa más notable acerca de los alimentos del desayuno era que solo tres de nosotros estábamos allí para comer. (Soy el único hijo y combinado con mamá y papá, hacíamos un grupo pequeño, pero feliz). No como tanto a la fecha, pero ocasionalmente, todavía caminamos cinco minutos hacia la casa de mis padres y disfrutamos de uno de los famosos desayunos de mamá.

¿Qué tan importante es el desayuno para tu salud general y el control del peso? Muy importante. Las investigaciones han revelado que el resultado más importante del desayuno es acelerar el proceso de descomponer y digerir completamente tu alimento de la noche anterior. Una teoría dietética es que debido a que tu metabolismo baja el ritmo mientras duermes, quemas pocas calorías. Cuando comes, avivas tu metabolismo. Cuando tu comida es baja en grasas, incluye proteínas (lo cual impulsa el metabolismo) y es compleja en carbohidratos tales como granos altos en fibra, vas a estar más satisfecho durante el día y con menos ganas de comer bocadillos.

La dietista profesional Kathy Stone escribe: «Tomar el desayuno también es esencial para ayudar a controlar el comer después de la cena. Sorprendente, pero verdadero. Lo que comes por la mañana afecta qué tan satisfecho te sientas al final del día. Si crees que el desayuno te hará tener más apetito, que estás mejor, de hecho, cuando estás sin comer lo más posible, piénsalo de nuevo. ¿Qué pasa cuando finalmente empiezas a comer? La mayoría del tiempo, pierdes el control». Cuando empiezas el día con un comienzo metabólico correcto, tu día completo puede mejorar. Vas a comer más normal y más fácilmente, vas a evitar los atracones de comida. El Doctor C. Wayne Callaway, Ex director de la Clínica de Nutrición y de Lípidos de la Clínica Mayo en Rochester, Minnesota, escribe que cuando empiezas el día correctamente, «Vas a tener hambre en momentos apropiados a lo largo del día y vas a perder la urgencia de los atracones nocturnos.»

Otra razón para tomar desayuno es para reestablecer el combustible que tu cuerpo necesita para su máxima ejecución. El Doctor Lawrence Lamb dice: «En la mañana, tu hígado va a tener una reducción del 75 por ciento de glucógeno [combustible energético derivado de la glucosa]. Va a estar ya sacrificando la proteína de tu cuerpo para fabricar glucosa. Si deseas proteger la proteína de tu cuerpo [incluyendo tejido muscular], más te vale proporcionar algo de alimento alto en carbohidratos temprano en la mañana para reemplazar la glucosa. Tu cerebro va a funcionar mejor también, puesto que necesita glucosa para mantener su habilidad de hacer todas las complejas tareas que se le requieren.»

«Y Dios dijo: He aquí que os he dado toda planta que da semilla, que está sobre toda la tierra y todo árbol en que hay fruto y que da semilla; os serán para comer». (Génesis 1.29 RVR1960). Estoy seguro de que algunos de esos alimentos fueron para el desayuno.

¡Qué tengas un excelente día!

13 - Duerme bien

¿Qué tan bien duermes? ¿Estás cansado durante el día? ¿Tienes dificultades para quedarte dormido?

Si respondiste que sí a las últimas dos preguntas, tienes algo en común con millones de gente hoy. El Doctor Peter Hauri, ex director del Programa de Insomnio de la Clínica Mayo escribe: «El dormir está interconectado con cada faceta de la vida diaria. Afecta nuestra salud y bienestar, nuestros estados de ánimo y comportamientos, nuestra energía y emociones, nuestros matrimonios y trabajos, incluso nuestra cordura y felicidad». El Doctor Harold Bloomfield escribe: «Hay evidencia creciente de que la mayoría de los adultos se vuelven más malhumorados y son proclives a cometer más errores, y eso es porque están sufriendo de privación parcial crónica del sueño—no dormimos lo suficiente, o más frecuentemente, dormimos mal noche tras noche».

La investigación sobre el sueño ha descubierto algunos factores fascinantes que pueden ayudarte a dormir mejor:

1. Ten una habitación libre de indicación horaria. El Doctor Hauri dice: «Pon el despertador si tienes que hacerlo, pero … coloca el reloj dónde pueda oírse, pero no verse. Al hacer esto, no te despertarás durante la noche y te mantendrás viendo el reloj. La gente duerme mejor sin la presión del tiempo».
2. Calienta un poco antes de relajarte. De acuerdo con el doctor en medicina Robert Cooper, «un periodo breve de ejercicio moderado con una duración de al menos 5 minutos entre 3 a 5 horas antes de ir a dormir o un baño caliente dentro de 3 horas antes del sueño, puede hacerte dormir con significativamente más profundidad», pero lo beneficioso no es solo el ejercicio— es el incremento en la temperatura del cuerpo. La Doctora Shirley Linde escribe: «Si puedes incrementar tu temperatura corporal aproximadamente de 3 a 6 horas antes de ir a la

cama, la temperatura va a disminuir al máximo cuando estés listo para ir a dormir. El canal biológico se profundiza y el sueño se hace más profundo, con menos despertares». El Doctor James A. Horne de la Universidad Loughborough en Gran Bretaña dice que este efecto se produce fácilmente con un baño caliente de tina o simple baño caliente dentro de 3 horas antes de ir a la cama.

3. Libera tu mente de la preocupación. El Profesor Robert Thayer de la Universidad Estatal de California explica la diferencia entre los dos «estados de cansancio». Uno es llamado «cansancio de tensión» que es cuando estás cansado, pero estresado; y el otro es «cansancio tranquilo», cuando estás cansado físicamente, pero tranquilo mentalmente. Este estado es más favorable para una buena noche de sueño. No examines problemas o desafíos antes de ir a dormir. Puedes hacer una lista de tus preocupaciones y utilizarla como una cita para lidiar con la situación después. También puedes orar y entregar tus necesidades a Dios. La Biblia dice: «*Por nada estéis afanosos, sino sean conocidas vuestras peticiones delante de Dios en toda oración y ruego, con acción de gracias*». *(Filipenses 4.6 RVR1960)*

4. Llena tu habitación con una fragancia placentera. Los olores se mueven dentro de tus cavidades nasales donde 5 millones de receptores nerviosos envían mensajes a la corteza cerebral y el sistema límbico. Estas partes de tu cerebro, entonces, crean una respuesta emocional al olor. Las investigaciones han encontrado que dos esencias son especialmente útiles para promover un sueño restaurador: fragancia de vainilla con almendra y manzana con canela. Si no deseas encender una vela con estas fragancias, puedes utilizar el popurrí en su lugar.

La Biblia dice: «*Por demás es que os levantéis de madrugada, y vayáis tarde a reposar, y que comáis pan de dolores; pues que a su amado dará Dios el sueño.*» *(Salmos 127.2 RVR1960)*

Qué duermas bien.

14 - Derrotando a los lagartos

En 1772, William Bartram tenía 33 años de edad, estaba quebrado, con deudas y no tenía muchas perspectivas.

Había nacido con ventajas maravillosas. Su padre era famoso como el Botanista Real de las colonias americanas para el Rey Jorge III. Su familia estaba tan bien conectada que Benjamin Franklin, un amigo de la familia, le ofreció un aprendizaje a los 16. Él era uno de los pocos jóvenes con educación superior, habiéndose graduado del Colegio de Filadelfia (a nivel universitario). Se le dio suficiente dinero para comprar una plantación; pero era tan malo para los negocios que fracasó, quedando a la deriva a la edad de 33—a tal punto que todo cambió.

William, sorpresivamente, actuó con una determinación inusual. Decidió seguir los pasos de su padre y se convirtió en un botanista profesional. Había sido elogiado por el muy conocido científico, Doctor John Fethergill, por la calidad de ciertos dibujos de la naturaleza que había hecho. Por lo tanto, contactó al doctor Fethergill y con valentía, le pidió que le financiara una exploración científica de la naturaleza de Florida. Fethergill dijo que sí y William se dirigió a Florida.

Una experiencia cambió su vida para siempre. Escribió en su diario acerca de la noche en que se encontraba dormido en un área remota y salvaje y despertó al oír a un lobo robando su alimento. Fervientemente, creyó que Dios lo había despertado a tiempo para salvar su vida. Estaba aterrado, pero decidió continuar.

En otra ocasión, se encontró a la orilla de un lago, observando a dos lagartos peleando a muerte. Cuando el conflicto llegó a su fin, le pegó un susto cuando vio que los lagartos avanzaban hacia él por todos lados. Saltó a su canoa y luchó con ellos, mientras

37

que en repetidas ocasiones intentaban sacarlo del bote. Uno se levantó sobre un lado y Bartram solo pudo salvarse al embutir el cilindro de su escopeta en la boca de la criatura y apretar el gatillo. Cientos de lagartos continuaban llenando las aguas en todas direcciones. Ancló la canoa, trepó por un árbol y esperó por una oportunidad de escape. Cuando vio una apertura, lanzó la embarcación y, por varios días, navegó por esas aguas peligrosas. Lo atacaron frecuentemente y utilizó un palo para golpear a los animales. Finalmente, escapó y encontró un área segura.

William salió de esta experiencia como un explorador duro y valiente. Sus temores se evaporaron y pronto se convirtió en un famoso botanista e investigador. Su éxito, bajo presión, lo moldeó para convertirse en un hombre más grande. Después de batallar con los lagartos en los pantanos de Florida, nunca volvió a tener miedo de nada.

¿Cuántos presuntos lagartos necesitas enfrentar y derrotar? Cuando confrontas y conquistas tus temores, allanas el camino para una vida más grandiosa. Entre más lagartos venzas, más confianza vas a sentir.

Josué 1.9 dice: «*Mira que te mando que te esfuerces y seas valiente; no temas ni desmayes, porque Jehová tu Dios estará contigo en dondequiera que vayas*». *(RVR1960)* Este es el verso que leo a mi familia cada noche de Año Nuevo. Siempre me siento inspirado por su llamado a la valentía.

Nunca te des por vencido. Recuerda: Puedes incluso derrotar lagartos si nunca dejas de luchar.

15 - Ríe a carcajadas

En 1952, los Estudios MGM estrenaron una película alegre y divertida de 103 minutos, codirigida por Gene Kelly y Stanley Donen. La película, *Singin' In The Rain (Cantando bajo la lluvia)* fue un éxito instantáneo. Fue lanzada en la primavera y la reseña de la película del *New York Times* comentó acerca de lo oportuno del momento, al decir: «La primavera llegó con un rocío de frescura y alegría ... ayer, con la llegada de Cantando bajo la lluvia.... Compuesta generosamente con música, baile, color, espectáculo y una abundancia desenfrenada ... en la pantalla ... está garantizado que todos los elementos de este arcoíris ... levantarán los ánimos del invierno y te pondrán en un estado de ánimo de botón de oro». Una de las mejores escenas es cuando Donald O'Conner canta acerca de la risa. Tal como escribe el *Times*, «Donald O'Conner, como compañero del señor Kelly ... tiene un jugueteo alegre ... en un acto de chistes titulado: "Hazlos reír".»

La risa tiene, definitivamente, beneficios de salud y vida. El doctor John Morreall escribe: «La persona que tiene buen sentido del humor no es solamente más relajada ante las situaciones potenciales de estrés, sino más flexible ... su imaginación va a prevenir el aburrimiento y la depresión». El doctor Edward de Bono escribe: «El humor es, por mucho, la conducta más significativa de la mente humana». El fallecido doctor William Fry Jr., quién fue profesor emérito del Departamento de Psicología de la Universidad Stanford, dijo que reír 100 veces al día era una meta buena y saludable. El autor Norman Cousins escribe humorísticamente: «La risa es un trote interno» debido a sus beneficios de salud. El doctor Harold Bloomfield escribe que: «Los científicos teorizan que la risa estimula la producción de catecolaminas y endorfinas en el cerebro, lo cual afecta los niveles hormonales del cuerpo, algunos relacionados al gozo, tranquilizar el dolor y fortalecer la respuesta inmune».

Intenta lo siguiente:

1. Ve películas cómicas y lee historias divertidas. Asegúrate de que son positivas, inspiradoras y te hagan sentir bien acerca de tu persona y de otros. Evita el humor que sobaja e insulta a otras personas.
2. Nota el humor en la vida cotidiana. Mi familia y yo disfrutamos observando a nuestro gato loco y a nuestro perro torpe. Observarlos es súper divertido.
3. Ríe a carcajadas. Vas a estar sorprendido de qué tan bien te vas a sentir.

La Biblia dice en Proverbios 17.22: «*El corazón alegre constituye buen remedio.*» *(RVR1960)*

Adelante. Disfruta de una buena carcajada.

16 - Gratitud

Phyllis fue de las amigas más importantes que alguna vez haya tenido. Cuando falleció en mayo del 2011, nuestra comunidad entera reaccionó con pesar. Ella había vivido una vida plena muy bien hasta sus noventa y tantos y había influenciado personalmente a cientos e indirectamente, tocó decenas de miles. Cuando su esposo murió, ella había heredado una gran suma de dinero y tenía el compromiso de apoyar a los ministerios cristianos conservadores alrededor del mundo. Su hijo poseía un equipo de NASCAR que ganó las 500 Millas de Daytona dos veces. Estaba muy orgullosa de él.

Yo solía visitarla una vez a la semana para orar. Platicábamos acerca de la maravillosa realidad de Jesucristo y disfrutábamos de Su maravillosa presencia. Cuando ella oraba, éramos siempre transportados hacia lo milagroso. Algunas veces, nuestras sesiones de oración duraban horas, pero yo regresaba renovado y energizado poderosamente. Dios revelaba fascinantes perspectivas y nos mostraba instrucciones muy específicas, las cuales funcionaban CADA VEZ. Su amistad y guía espiritual me ayudaron en puntos cruciales en mi vida. Ella era, simplemente, una mujer de Dios.

Una vez, en su casa, le pregunté si alguna vez había luchado con la depresión y el estrés. Ella respondió al decirme cómo Dios la había ayudado a través de la pérdida inesperada de su esposo. Describió el tiempo sola y los ajustes requeridos. Luego dijo algo que nunca he olvidado: Dijo que, durante cada desafío en su vida, siempre mantuvo un espíritu de gratitud. Le daba gracias a Dios en cada situación. Dijo que cuando hacía esto, sus problemas se achicaban y el poder de Dios fluía sobre cualquier situación. Reía y añadió que es difícil estar depresivo cuando tu «actitud de gratitud» te está levantando. Sostenía que, en cada situación, ella siempre podría encontrar algo porqué agradecer a Dios. ¡Qué ejemplo más maravilloso!

Permíteme sugerir lo siguiente:

1. Entrénate para encontrar lo positivo en todo. Puede que no siempre estés observando en el lugar correcto. Aprende a ver el bien.
2. Reemplaza la queja por el agradecimiento. Vuélvete famoso por tener un espíritu de gratitud.
3. Pídele a Dios que revele Sus propósitos en tu vida. Puede que quedes placenteramente sorprendido.
4. Expresa gratitud y aprecio diariamente a tanta gente como sea posible.

Mantente positivo. La Biblia dice en 1 Tesalonicenses 5.18: «*Den gracias a Dios en cualquier circunstancia.*» *(TLA)*

17 - La enfermedad de la prisa

El Concorde fue una nave supersónica que volaba de Nueva York a París en aproximadamente tres horas y media. Antes de su retiro del servicio, la flotilla Concorde se convirtió en un símbolo internacional de velocidad y viajes costosos; los pasajeros pagaban altas tarifas para ahorrar unas cuantas horas. En una ocasión, cuando el Concorde aterrizó en Nueva York, un problema eléctrico evitó que se abrieran las puertas. El equipo de mantenimiento de Air France rápidamente llegó para manejar la situación. Cuando pasaron cinco minutos y las puertas continuaban cerradas, los pasajeros se enfurecieron y empezaron a demandar una compensación de parte de la línea aérea. Después de que pasaron quince minutos, la tripulación de vuelo pensó que los pasajeros estaban a un paso de un motín a gran escala e intentaron crear calma. Todo esto fue por una tardanza de unos quince minutos. Hay los mismos 1.440 minutos (86.400 segundos) en el día de todos, pero la gente continuamente dice frases como: «No tengo suficiente tiempo»; «El tiempo se está acabando»; «Estoy bajo presión» y «Se acabó el tiempo». Algunos psicólogos llaman a esto la «enfermedad de la prisa». Algunas encuestas sostienen que la gente en Europa y en los Estados Unidos se quejan acerca de la falta de tiempo, más que de la falta de dinero o de libertad.

Los doctores Harold Bloomfield y Robert Cooper, escritores en salud y bienestar, expresan: «No es un accidente que la palabra 'fecha límite' (deadline) contenga la palabra 'dead' (muerto). El cuerpo humano no está bien equipado para la batalla con el tiempo. Las investigaciones sugieren de forma enérgica que la gente que sufre de la 'enfermedad de la prisa' —el sentimiento crónico de que nunca hay tiempo suficiente— pueden estar en un riesgo incrementado de desarrollar o agravar problemas de salud tales como presión arterial alta, enfermedad del corazón o ciertas formas de cáncer. Una "batalla con el tiempo" también está ligada a la furia y hostilidad crónicas, depresión, amargura, resentimiento y muerte cardiaca sorpresiva (un inesperado y fatal paro cardiaco).» Deberías enfocarte en «utilizar el tiempo de forma efectiva y liberarte de la ansiedad de estar observando las manecillas del reloj en un inquietante sentido de impaciencia, [lo que es] un requisito indispensable para el éxito en mejorar tu salud, estado físico y relaciones». Por el contrario, un día bien planeado puede darte suficiente tiempo no solo para cumplir con tus responsabilidades, sino también para disfrutar de tu familia y amigos. Incluso puedes llevar a cabo las actividades que amas y aún experimentar el placer de un día bien vivido.

He aquí algunas sugerencias positivas:

1. Desarrolla lo que algunos investigadores llaman: la capacidad de usar bien el tiempo. Esto significa organizar y planear tu día para que manejes el tiempo en lugar de sentir que eres un esclavo del tiempo.
2. Aprende paciencia. Baja el ritmo y piensa. La paciencia te calma y te ayuda a relajarte.
3. Prioriza y luego apégate a las prioridades. La legendaria empresaria Mary Kay Ash, quien fundó el negocio multibillonario Mary Kay Cosmetics, Inc., elegía solo seis prioridades al día y luego se apegaba a esas prioridades.
4. No permitas que las prioridades de otra gente te controlen. No tomes responsabilidades para evitar sentir culpa.
5. Déjate llevar y abraza a Dios. Tú no eres el amo del universo. Tú no tienes que hacer todo, solo las cosas que importan. Dios te ha dado tiempo suficiente para hacer todo lo que necesitas hacer.

La Biblia dice en Salmos 56.4: «*En Dios he confiado; no temeré; ¿Qué puede hacerme el hombre?*» (RVR1960)

Planea para que no tengas que andar de prisa. Experimenta la libertad de manejar bien tu tiempo para la felicidad y el éxito.

18 - Velocidad

El guepardo es el miembro más pequeño de la familia de «los grandes felinos». Un guepardo adulto pesa entre 75 y 145 libras (34 a 66 kg) y los machos son 10 libras (4,5 kg) más pesados que las hembras.

Es el único de los grandes felinos que no puede rugir, sin embargo, puede ronronear, algunas veces muy ruidosamente. Tiene una visión asombrosa y claramente puede ver su presa a través de tres millas (4,8 km).

El guepardo tiene una visión nocturna débil; por lo tanto, es el único gran felino que caza durante el día. Está limitado por su incapacidad de trepar árboles. Debido al peso liviano de su cuerpo y garras desafiladas, es fácilmente vulnerable a depredadores más grandes, tales como leones y leopardos.

Cuando el guepardo ve a su presa, maniobra dentro de un rango de 50 pies (15 metros) y luego salta a la acción. Es el animal más rápido del mundo; se mueve desde un alto completo a 45 millas (72 km) por hora en 2,5 segundos y puede sostener brevemente una velocidad máxima de 64 millas (103 km) por hora. El guepardo usa su velocidad superior para agarrar y dominar a su víctima y luego clava sus poderosas quijadas en el cuello del otro animal. Sofoca a la víctima y luego la arrastra hacia un lugar seguro.

Uno de los más menospreciados elementos del éxito es la velocidad. Napoleón revolucionó la guerra al mover sus ejércitos más rápido que lo que cualquier ejército jamás había hecho. Él asombraba, consistentemente, a sus adversarios al aparecer en lugares y posiciones menos esperadas. Utilizó la velocidad para conquistar Europa.

Puede que necesites más velocidad en tu propia vida. ¿Cuánto te lleva tomar decisiones? ¿Por cuánto tiempo te debates en tus metas? ¿Cuánto tiempo utilizas para encontrar y abordar oportunidades? Uno de los factores de las oportunidades es que se mueven rápidamente; si no las aprovechas cuando aparecen, puede ser que no regresen.

Usa tu debida diligencia, pero luego ve hacia adelante. No dejes que las oportunidades te pasen. No hay tantas.

Permíteme sugerir:

1. Cuando sabes lo que quieres, toma acción inmediata. No te tardes. ¡Muévete!

2. Cuando se necesita algo (ejemplo: llamar a alguien o hacer arreglos) antes de que sigas adelante, hazlo rápidamente.

3. Si tienes una tarea, no te permitas hacer algo más hasta que hayas completado lo que estás haciendo. Nunca descanses hasta que hayas terminado lo que se necesita hacer. Concéntrate en la terminación. Aprende a ser orientado a resultados.

La Biblia dice en Proverbios 18.9: «*También el que es negligente en su trabajo, es hermano del hombre disipador.*» *(RVR1960)*

Nada se hace nunca hasta que tú lo haces. ¡Muévete!

19 - La epidemia

Beverly es especial. Trabajó por años como una lideresa habilidosa en el departamento de niños de una gran Iglesia Metodista Unida en Marietta, Georgia. Cuando los niños tenían un mal día, la aparición de «la Señorita Beverly» (de hecho, era señora, tenía dos hijos) cambiaba una atmósfera de perturbación a una de gozo instantáneamente.

Una vez, ella descubrió varios millones de abejas en las paredes de su hogar en los suburbios. Decidió, puesto que tomaría tiempo remover los insectos, que los disfrutaría. Tendría invitados, los convidaría a escuchar los profundos zumbidos y comentaría qué tan contentas sonaban.

Beverly ama con pasión el mundo de Walt Disney. Ella y su familia han visitado el Reino Mágico cada año por más de treinta años y nunca se ha cansado del parque divertido. Una vez, Beverly nos pidió a mí y a mi familia que usáramos nuestra casa rodante para transportar a su clan y al nuestro a Disneylandia para el fin de semana de Pascua. El plan de utilizar otro RV de un amigo se colapsó cuando al dueño le dio varicela, por lo tanto, Beverly nos llamó y alegremente preguntó si nos gustaría traer a todos—su esposo pagaría por los gastos. Estuvimos de acuerdo (era el fin de semana de cumpleaños de Amy y ella pensó que era el obsequio de cumpleaños ideal). Por lo tanto, cargamos a todos, incluyendo a nuestra hija de seis meses, Allison, y condujimos a Florida. Fue el viaje más grandioso que hayamos experimentado. Yo enfermé de amigdalitis; sin embargo, la felicidad de Beverly era tan contagiosa, que me divertí muchísimo de todas maneras.

Beverly es un ejemplo del poder de una persona para influenciar emocionalmente a la gente a su alrededor. Tu actitud es contagiosa para bien o para mal. El doctor Robert Cooper escribe acerca de «lo que los psicólogos de investigación llaman 'contagio emocional'».

Eso es la transmisión inconsciente de sentimientos—positivos o negativos—de una persona a otra que ocurre en un instante (algunas veces en una fracción de segundo). Puedes empezar una epidemia de felicidad cuando uses tu «contagio emocional.»

Permíteme sugerir lo siguiente:

1. Decide ser un «generador de felicidad». Esto es lo que la gente necesita de ti, todos los días.
2. Elige ser una persona que requiera poca atención. Cuídate. No lances, constantemente, tus emociones negativas hacia otros.
3. Encuentra algo positivo acerca de cada situación—y enfatizo: cada situación.
4. Llega a ser conocido como la persona más feliz alrededor. La gente se sentirá atraída a tu gozo.

La Biblia dice: «*Porque el gozo de Jehová es vuestra fuerza.*» (*Nehemías 8.10 RVR1960*)

Adelante: ¡Deja que tu felicidad se expanda como epidemia!

20 - Volcán

El Monte Santa Elena es una ubicación popular para el excursionismo en el Noreste de los Estados Unidos cerca del Pacífico. Está a 96 millas (155 km) al sur de Seattle, Washington y 50 millas (80 km) al noreste de Portland, Oregón. Atrae excursionistas de día y campistas de un radio de 200 millas (322 km). Su cima cubierta de nieve ofrece vistas gratificantes en cada dirección. Debido a su proximidad con grandes centros de población, siempre atrae a un gran número de visitantes. Es parte de la Cordillera de las Cascadas, un segmento del famoso Anillo de Fuego del Pacífico, el cual incluye 160 volcanes activos. Fue nombrado en honor al Barón Saint Helens, un amigo de George Vancouver, quien fue un explorador del siglo XVIII.

El 18 de mayo de 1980, a las 8:32 de la mañana, el Monte Santa Elena hizo una erupción espectacular. La poderosa explosión mató a 57 personas y destruyó 250 hogares, 47 puentes, 15 millas (24 km) de ferrocarril y 185 millas (298 km) de carretera. Doscientos cincuenta millas cuadradas (647 km^2) de bosque fueron completamente aplanadas. La nube de cenizas que voló hacia el cielo viajó miles de millas e interfirió con los vuelos de varios países. La erupción fue tan violenta que redujo la montaña en 1.300 pies (396 metros) a su presente elevación de 8.365 pies (2.550 metros). Es el evento volcánico más destructivo en la historia de los Estados Unidos hasta la fecha.

La erupción de furia en un volcán de emociones negativas poderosas puede, de hecho, dañar tu cuerpo, así como tus relaciones. El doctor Harold Bloomfield escribe que «estudios recientes reportan que tanto la furia contenida, la que se desfoga de forma explosiva pueden ambas estar vinculadas a un índice de mortalidad (por todas las causas) que es más de dos veces mayor a la que está relacionada al "enfrentamiento reflexivo". Las tres respuestas estándar a la furia son (1) "furia hacia adentro"—

suprimir tus sentimientos de furia completamente: (2) "furia hacia afuera"—desfogar tu furia explosivamente, de inmediato; y (3) "enfrentamiento reflexivo"—que es cuando se espera a que los temperamentos se apacigüen para discutir de forma racional el conflicto con la otra persona o arreglar las cosas por ti mismo.... Esas personas que se mantuvieron ecuánimes—quienes reconocieron su ira, pero no fueron hostiles abiertamente, física o verbalmente—se sintieron mejor más rápidamente y tuvieron una salud superior.»

Yo agregaría que la oración y la dependencia en la ayuda de Dios pueden proporcionar el poder para mantenerse en calma y control.

Permíteme sugerir:

1. Detente antes de que reacciones. No tienes que ser un volcán humano.
2. Respira profundo. Cuenta lentamente a cinco y exhala. Relaja tu cuello y tus hombros. Ahora ya puedes responder a la situación.
3. Cambia tu enfoque de ganar una pelea a ganarle a la persona. Trata de entender al otro individuo. La venganza no es una opción saludable.
4. Recuerda que tu furia volcánica puede dañar a las personas a tu alrededor (especialmente a tu familia). Reemplaza el flujo de lava caliente por la suave brisa de la amabilidad y consideración.
5. Pídele ayuda a Dios. Él te ama.

La Biblia dice: «*Airaos, pero no pequéis; no se ponga el sol sobre vuestro enojo, ni deis lugar al diablo.*» (*Efesios 4.26-27 RVR1960*)

Tranquilízate. Puedes vivir más tiempo y mejor.

21 - Generosidad

Era el mes de julio. La temperatura estaba caliente, pero mis finanzas estaban heladas. Terminaba de revisar nuestro panorama financiero con Amy y la visión era desoladora. Habíamos experimentado un percance inesperado debido a que una inversión en bienes raíces había salido mal y estábamos considerando nuestras opciones. Tomé un descanso y me senté a observar un servicio de la iglesia por internet. La iglesia era una que ocasionalmente asistíamos, y donde Dios, repetidamente, había hablado con nosotros. Apreciábamos el liderazgo honesto y bíblicamente dinámico del pastor y habíamos hecho muchos amigos. Estábamos emocionados acerca de la manera cómo la iglesia explicaba la relación de uno con Jesucristo. A medida que observaba, tomé conciencia de un sentido de dirección interior. Al principio, parecía solo una insinuación débil de algo; no obstante, a medida que continuaba observando, se fue fortificando. Después de unos minutos, supe lo que debía hacer: Dios me estaba conduciendo a dar un regalo a esa iglesia. La figura de $1.000 se fijó en mi mente. Solo tenía $3.000 en mi cuenta bancaria, con varias cuentas pagaderas dentro de las próximas tres semanas. Batallé por un instante y luego decidí que era más sabio obedecer a Dios. Mi buen amigo, el Dr. Charles Stanley, me había enseñado que cuando supiera que Dios me estaba guiando a hacer algo, debería obedecer y dejar las consecuencias a Él. Fui a mi página bancaria en línea y transferí $1.000 a la iglesia. Sentí paz inmediatamente. Cuando le dije a Amy lo que había hecho, ella (como es Amy) estuvo de acuerdo completamente.

Durante las próximas tres semanas, nuestras finanzas se pusieron peor. Esperamos y continuamos confiando en Dios. Al principio de la cuarta semana, tuvimos una invasión de milagros. El dinero llegó a raudales; los compromisos para conferencias, sorpresivamente, se multiplicaron. Pagamos nuestras cuentas. Dios nos dio la bendición que tanto necesitábamos.

La generosidad es siempre bendecida. Encontré a un supervisor judío de fondos de cobertura hace algunos años. Este hombre maneja decenas de miles de millones de dólares. Vive en la ciudad de Nueva York, es políticamente liberal y un ateo profeso y, sin embargo, él aconseja a sus clientes a dar con generosidad (incluso les anima a seguir el principio bíblico del diezmo del 10 por ciento). Además, me dijo que ha observado, en el mundo de las altas finanzas, que aquéllos que dan siempre reciben un beneficio. Dice que no puede explicar por qué esto funciona. Incluso bromeó que la Biblia debe ser verdad porque el resultado es tan consistente. Un pastor bautista, amigo mío, llama a esto «el plan de economía milagroso de Dios». Yo creo que esto es, incluso, una prueba de la existencia de Dios.

Ya seas cristiano o no, o incluso religioso o no, deberías intentar la generosidad. Puedes quedar sorprendido con los resultados. Cuando ayudas a alguien más, hay un beneficio positivo para ti. Como otro amigo mío expresa: «el dar es el secreto de vivir».

La Biblia dice en Malaquías 3.10: «*Traed todos los diezmos al alfolí y haya alimento en mi casa y probadme ahora en esto, dice Jehová de los ejércitos, si no os abriré las ventanas de los cielos y derramaré sobre vosotros bendición hasta que sobreabunde.*» (RVR1960)

Cada vez que hemos confiado y obedecido a Dios con nuestras finanzas, Él nos ha enviado una explosión de bendiciones. Cada vez.

22 - El poder del pueblo

Él tiene 75 años de edad y no se ve que tenga más de 30. Se ha mantenido en una forma estupenda y aun viaja extensivamente. Activamente, apoya numerosas buenas causas y frecuentemente hace voluntariado para ayudar al gobierno de los Estados Unidos con proyectos especiales. Su estado de salud es excelente, excepto por una alergia que potencialmente podría amenazar su vida. Rara vez, sin embargo, sufre una reacción porque ha aprendido a evitar el alérgeno.

Es famoso, pero trata de mantenerse modesto y humilde. Es amigable y gentil y nunca heriría a alguien a propósito. A pesar de esto, tiene un gran número de enemigos jurados, a quienes parece no caerles bien. Posee un hogar espectacular, hecho a la medida, en el extremo norte que tiene una colección de tecnología de vanguardia impresionante. Nadie está seguro de su fuente de ingreso, pero nunca parece que le falte el dinero. Vive el estilo de vida de los súper ricos. Valora tanto su privacidad que pasa mucho de su tiempo público disfrazado y usa un alias para mantener alejados a los curiosos.

Es internacionalmente conocido por su título designado. Es simplemente el hombre más interesante en el sistema solar. Tú lo conoces como Supermán.

Supermán nació en la revista de historietas Action Comics No. 1 en 1938. Ha sido el objeto de libros, películas y programas de televisión. Fue también el personaje principal de la película Man of Steel (El Hombre de Acero), estrenada durante 2013, por el visionario director Zack Snyder. El desafío con el personaje de Supermán fue cómo hacerlo virtualmente indestructible y fenomenalmente poderoso, pero interesante. Snyder decidió que la mejor forma de hacer eso era explorar su lado necesitado. En la película, Supermán lucha con sus experiencias de aislamiento y soledad de su lado humano (y extraterrestre). Había un hueco en el corazón de Supermán: necesitaba amigos y familia; necesitaba a la gente. No necesitaba estar solo.

Esta es la misma necesidad que todos compartimos. No fuiste creado por Dios para la soledad. Fuiste hecho para interactuar con otras personas y disfrutar de relaciones positivas y divertidas. Fuiste hecho para encajar en una red social. Necesitas a la gente.

Permíteme sugerirte lo siguiente:

1. Únete a un grupo que se adapte a tus intereses. Juega softball. Toma una clase de cocina o asiste a un estudio de la Biblia. Involúcrate con un grupo de gente interesante y en crecimiento.
2. Reconéctate con viejos amigos. Utiliza los medios sociales para encontrar personas de tu pasado. Convierte en una diversión el redescubrir amistades.
3. Pasa tiempo de calidad con tu familia. Llama a tus padres. Edifica estas relaciones únicas.
4. Haz voluntariado para ayudar a otras personas. Vas a ser bendecido.

La Biblia dice en Salmos 133.1: «¡*Mirad cuán bueno y cuán delicioso es habitar los hermanos juntos en armonía!*» *(RVR1960)*

Haz amigos.

23 - Profundo y amplio

La autora Dava Sobel está impresionada con Júpiter. Ella escribe en su libro: The Planets (Los Planetas) «Júpiter es más del doble la masa de los otros ocho planetas combinados. Comparado solo con la tierra, Júpiter mide 318 veces la masa de la tierra y 1.000 veces el volumen de la tierra».

El tamaño de Júpiter también puede apreciarse por el tamaño de una de sus más curiosas características, la Gran Mancha Roja. La mancha es, de hecho, una violenta tormenta de viento continuamente agitándose. Tiene forma oval y pasa a una casi inimaginable velocidad alrededor del ecuador. Ha sido observado y estudiado por los astrónomos desde 1879. Desde que fue visto por primera vez, la tormenta ha cambiado de color desde un vívido bermellón a un naranja pálido. Nunca cambia dirección y siempre se mueve en la misma ruta, como un camión fuera de control en una carretera interplanetaria. Cuando encuentra otra tormenta, la succiona, la tritura y simplemente sigue su marcha. La superficie de Júpiter es una furiosa expansión de ciclones, tormentas eléctricas y violentas corrientes en chorro. Algunas tormentas se desarrollan y duran siglos. Parece ser un planeta—como lo expresa Sobel—«de puro clima».

Sin embargo, para tal presencia planetaria tan dramática, realmente no hay mucho allí. Júpiter es un gigante de gas sin una superficie sólida y sin terreno físico. Aún si encontráramos la manera de sobrevivir al ambiente, no habría nada dónde aterrizar, puesto que Júpiter es un planeta de pura atmósfera; no tiene un núcleo sólido.

La lección es simple: En la medida que edificas tu vida exterior, siempre recuerda desarrollar tu vida interior también. Debes desear ser ambos: profundo y amplio. Quieres tener algo especial sobre la superficie. Leí recientemente acerca de una superestrella mayor de Hollywood. Él es una de las personas más conocidas en el mundo, cuyas películas han ganado miles de millones de dólares en ganancias. El autor del artículo dijo que la estrella tiene un mega carisma de clase mundial. También escribió que el carisma era todo lo que tenía; debajo de la superficie no había nada profundo.

Haz el compromiso de incrementar lo que sabes y mejorar quién eres. Mi esposa, Amy, ha hecho esto por años. Lee libros importantes, estudia la Biblia, escucha audios útiles y busca gente fascinante; ama el crecimiento personal. Debido a esto, es una persona más significativa e interesante que cuando la conocí y continúa siéndolo más cada día.

Permíteme sugerir lo siguiente:

1. Lee algo sobre un tema del que no sepas nada. Aprende algo nuevo.
2. Busca en Google cinco nuevos temas de los que siempre has sentido curiosidad. Amplía tus conocimientos.
3. Observa un programa informativo en televisión (History Channel, Discovery Channel, etc.) que nunca hayas visto antes.
4. Programa un tiempo cada semana para que pienses acerca de lo que has aprendido esa semana. Platica acerca de tus nuevos conocimientos con alguien más.

La Biblia dice en 1 Samuel 16.7: «*Porque Jehová no mira lo que mira el hombre, pues el hombre mira lo que está delante de sus ojos, pero Jehová mira el corazón.*» *(RVR1960)*

Asegúrate que tu corazón esté pleno con algo nuevo y maravilloso cada día. Elige ser profundo y amplio.

24 - Creencia fundamental

Creció en la oscuridad, con recursos limitados y sin conexiones.

Construyó una carrera en una industria que mucha gente consideraba de poco peso y superficial.

Después de su divorcio, experimentó una depresión tan profunda que sus amigos cercanos se preocuparon por su salud mental.

Intentó un cambio mayor de carrera, ya entrado en años, que fracasó públicamente.

Era habitualmente descartado por muchos con altas posiciones de influencia como imprudente, desinformado y poco inteligente.

Cuando intentó su reaparición, la mayoría de la gente esperaba que rápidamente se extinguiera.

Tenía casi 70 años cuando apostó todo en un último intento atrevido por un sueño.

Su nombre era Ronald Wilson Reagan.

Reagan tenía muchas cualidades positivas, pero la más importante para ti el día de hoy es la fuerza de sus creencias fundamentales. Pasó años desarrollando un giroscopio interno que lo guiaba cuando transitó a través de tormentas de dudas y oposición. Su fundamento lo mantuvo fuerte y enfocado. Él sabía lo que creía acerca de los Estados Unidos y la oportunidad estadounidense, y sabía por qué lo creía.

Reagan creía en el carácter excepcional de la idea estadounidense y la necesidad de la influencia estadounidense. Creyó en un Dios personal que ejercita tanto amor como juicio y está íntimamente involucrado en los asuntos de los hombres y las naciones. Este fundamento lo convirtió en un hombre que no podía ser derrotado. Sus creencias fundamentales le dieron el poder para mover una nación.

¿Cuál es tu fundamento? ¿De qué creencias estás tan seguro que nada te las puede quitar? Si no lo sabes, necesitas, entonces, darte un tiempo para examinar tu visión del mundo y decidir en lo que consideres «tus no negociables». ¿Qué es con lo que no podrías vivir? Un núcleo sólido te hará echar raíces y se introducirá profundamente en tu interior, por lo tanto, conviértela en la fundación de tu vida.

Permíteme sugerir:

1. Busca en tu corazón. Descubre qué es lo que más te importa y escríbelo en una declaración breve y simple.
2. Organiza tu vida alrededor de tu fundamento. Permite que tus creencias fundamentales creen tu causa y deja que tu causa guíe tu vida.
3. Investiga lo que crees para que puedas, de forma efectiva, expresar tu creencia a otros.
4. Muestra valentía y apoya algo que sea importante.

«*Examinadlo todo; retened lo bueno. Absteneos de toda especie de mal.*» *(1 Tesalonicenses 5.21–22 RVR1960)*

25 - Ganando la carrera

La Carrera a Través de Estados Unidos es una competencia agotadora y un desafío para los mejores ciclistas del mundo. A diferencia del Tour de Francia, el evento estadounidense no es una carrera por etapas. Una vez que empieza un ciclista, ya no puede aflojar. Sigue adelante hasta que pase una de dos cosas: o se da por vencido o termina. La única manera de ganar una ventaja sobre los demás ciclistas es dormir menos. El típico ganador duerme dos horas de cada 24 y se lleva nueve días en terminar la carrera. La ruta, que recorre 3.000 millas, empieza en Oceanside, California y termina en Annapolis, Maryland..

Jure Robic de Slovenia es el único ganador por cinco veces de la Carrera a Través de Estados Unidos. En el pequeño mundo de atletas de ultra-resistencia, él se convirtió en una leyenda. Era conocido por sus amigos como «animal» y una vez recorrió 518,7 millas en 24 horas, un récord mundial. Para prepararse para sus carreras, andaba en bicicleta o se entrenaba de 6 a 10 horas diarias. Se esforzaba por no dormir por 24 horas. Frecuentemente, hacía un recorrido, sin parar, por 24 horas, seguido de un descanso de 12 horas y otro recorrido de otras 12 horas. Recorría 28.000 millas (más que lo que mide la circunferencia de la tierra) cada año.

En las últimas etapas de la Carrera a Través de Estados Unidos, sus pies se hincharon a la medida de dos tallas más grandes y sus pulgares estaban adormecidos por la presión de los manubrios. Después de ganar una de sus carreras, les tomó a sus pulgares recobrarse tanto tiempo que tuvo que utilizar dos manos para dar vuelta a una llave.

Todos estamos sorprendidos ante tales hazañas de resistencia. Admiramos la dedicación y determinación que impulsa a estos atletas. Envidiamos su gracia y poder físicos.

¿Qué es lo que te impulsa? ¿Qué es lo que enciende tu pasión? ¿Qué te motiva a salir más allá de tu zona de confort? ¿Qué causa que te fuerces por un lugar más alto?

Necesitas una gran causa para colmar tu vida con propósito. Necesitas una razón para pelear. Requieres una misión más allá de ti mismo.

Este propósito no es dinero. El dinero puede pagar por el propósito, pero no funciona como el propósito. Debes tener significado. Necesitas una conexión con algo más grande que tú.

Dios tiene un propósito único para ti. Necesitas encontrarlo.

Necesitas algo que valga la pena dar tu vida por ello.

La Biblia dice en Jeremías 29.11: «*Porque yo sé los pensamientos que tengo acerca de vosotros, dice Jehová, pensamientos de paz y no de mal, para daros el fin que esperáis.*» *(RVR1960)*

26 - Tiempo de celebración

Estábamos sorprendidos con el premio. El comité visitó docenas de casas en nuestra pequeña ciudad. El proceso fue secreto hasta el anuncio final. Nadie sabía el resultado.

Amy siempre había decorado para la Navidad; pero este año, ella estaba inspirada. El porche delantero de nuestra casa de casi 100 años de construida era una tierra maravillosa de deslumbramiento navideño. Las ramas de plantas perennes, combinadas con listón rojo extra grande alrededor de las columnas del porche brindaban una apariencia festiva. Los elfos de gran tamaño y las velas dieron una calidez especial. El Santa de seis pies de altura agregó magia a la escena. Lo que dominaba el patio era un área para la natividad de tamaño natural, cuyo centro era el hermoso niño Jesús. Una lámpara cubierta de nieve del estilo siglo 18 completó la imagen.

Cuando se nos notificó que habíamos recibido el premio de la comunidad para la casa más hermosamente decorada para Navidad, di el crédito a Amy.

Mi esposa celebra cada día festivo mayor. Ensarta estandartes para la noche de Año Nuevo y enciende fuegos artificiales durante la noche. Es la anfitriona de una fiesta súper emocionante del Super Bowl (yo agregué esa). Esparce flores y corazones durante el Día de San Valentín. Usa el color verde el día de San Patricio. La Pascua es una exhibición espectacular de cruces, lirios, huevos y conejos. El Día de los Caídos es un festival al aire libre de comida y diversión. El 4 de Julio es una extravagancia de banderas y patriotismo. El Día del Trabajo, es una barbacoa en un ambiente tranquilo de convivencia con la familia. Halloween está lleno de calabazas y disfraces.

104 formas de energizar tus días

El Día de Acción de Gracias es un cuerno de la abundancia de decoraciones de cosechas y agradable comida. Navidad es Navidad.

Cada estación es tiempo de celebración. Amy es tan buena en esto que nuestra familia la llama el genio de la felicidad.

Haz que tus celebraciones sean ocasiones especiales para compartir en familia, con amigos y fabulosas comidas. Disfruta los cambios del verano, el otoño, invierno y primavera. Celebra la vida. Es un regalo de Dios.

Permíteme sugerir:

1. Relájate con tus preparaciones. Es mejor tener una fiesta imperfecta que un arrepentimiento de estrés.
2. Enfócate en algo especial acerca de cada celebración de estación y decora acerca del tema.
3. Sé simple. Esto no tiene que ser costoso.
4. Diviértete.
5. Sé más comprometido con el gozo de otras personas que con el tuyo. La bendición que des volverá a ti.

La Biblia dice en Filipenses 4.4: «*Regocijaos en el Señor siempre. Otra vez digo: ¡Regocijaos!*» *(RVR1960)*

27 - Busca lo inesperado

Harry Wesley Coover Jr. murió el 26 de marzo del 2011 en su hogar en Kingsport, Tennessee. Tenía 94 años.

En 1951, él y su compañero, el químico Fred Joyner, estaban probando cientos de compuestos, buscando una sustancia resistente al calor que pudiera utilizarse como revestimiento en la parte externa de las cabinas de los jets. Ya habían probado 909 combinaciones de químicos cuando el doctor Coover decidió probar la número 910. Untó el compuesto entre dos cristales de un refractómetro (instrumento usado para medir la velocidad de los rayos de luz) y encontró que no podía separar los cristales. Momentáneamente, entró en pánico debido a la pérdida del costoso equipo de laboratorio. La máquina, cuyo costo era de $3000 en los años 1950, estaba arruinada.

A partir de este desastre, el doctor Coover vio una oportunidad. Trabajó en la sustancia por siete años y luego la vendió como un producto llamado Eastman 910. Debido a la naturaleza poco común del producto, el doctor Coover fue invitado a aparecer en televisión en un programa llamado: *I've Got a Secret (Tengo un secreto)*. Un panel de celebridades trataría de adivinar la ocupación o invención de un invitado. Cuando el presentador, Garry Moore, pidió al científico que demostrara su idea, el doctor Coover mandó que bajaran una barra de metal al escenario. Añadió una gota del compuesto a la barra y pegó otra barra a la primera. Luego, agarró la doble barra mientras la elevaron encima del escenario.

No fue hasta 1980 cuando el producto fue vendido a la compañía National Starch y se le dio un nuevo nombre que la invención se convirtió en un éxito. El nuevo nombre fue Super Glue.

Siempre deberías estar alerta a nuevas ideas y oportunidades. No sabes qué éxito potencial está oculto en un paquete aparentemente ordinario. Deberías entrenarte para utilizar «el pensamiento expandido», lo que significa que aprendas a ver todo en tu vida como un potencial para un desarrollo poco común. Puedes maximizar lo ordinario y convertirlo en lo extraordinario.

Intenta lo siguiente:

1. Toma tres cosas ordinarias e imagina lo que podrías hacer con ellas que no lo hayas hecho ya. (Haz esto todos los días por una semana.)
2. Examina tus amistades. Haz una lista de algo a lo que tus amigos podrían contribuir a tu vida. ¿Hay alguna necesidad que ellos pudieran cubrir?

Aprende a usar todo en tu vida de una manera sabia. La Biblia dice: «*La sabiduría fortalece al sabio más que diez poderosos que haya en una ciudad.*» *(Eclesiastés 7.19 RVR1960)*

28 - Transfórmalo

El Jaguar lo cambió todo.

David Davis dejó la universidad e inmediatamente intentó diferentes trabajos. Vendió Volkswagens y Triumphs en Ypsilanti, Michigan, trabajó en una tienda departamental de ropa de hombre y como obrero en una línea de ensamblaje de Ford, pero cuando vio el Jaguar XK120, se enamoró. Decidió que encontraría una forma de trabajar con autos.

Estaba vendiendo publicidad para la revista Road & Track (Caminos y Pistas) en la costa Oeste de los Estados Unidos cuando fue contratado por una compañía de publicidad para escribir anuncios publicitarios acerca de un nuevo último modelo llamado el Corvette. Uno de los otros redactores, Elmore Leonard (quien después se convirtió en un novelista de los mejores vendidos) lo alentó a agregar más «dinamismo» a sus palabras.

En 1962, comenzó a escribir para la revista *Car and Driver* (Auto y Conductor), como columnista regular (convirtiéndose en editor y director) y más tarde, escribió para la revista *Automotive* (Automovilística). Una vez se metió en problemas con uno de sus patrocinadores por una columna acerca de un auto alemán de lujo cuando escribió (después de una prueba de manejo) que su radio Blaupunkt «no podía captar una estación de radio de Manhattan desde el otro lado del puente George Washington». Eventualmente, se convirtió en el director editorial de la revista *Motor Trend* (Tendencia vehicular).

Sus columnas fueron tan populares que fueron publicadas en 1999 en un libro titulado: *Thus Spake David E: The Collected Wit and Wisdom of the Most Influential Automotive Journalist of Our Time.* (He aquí al columnista, David E: La colección de ingenio y sabiduría del periodista en materia automotriz más influyente de nuestro tiempo).

Una vez escribió en *Car and Driver* (*Auto y conductor*) «Me veo como un invitado en los hogares de varios cientos de miles de entusiastas por los autos cada mes, hablando acerca de lo que he conducido, dónde he estado y a quién he conocido. Me esfuerzo por ser entretenido e informativo, porque quiero que me aprecien, que me recuerden y que me vuelvan a invitar. Regularmente, funciona». Se le da el crédito de haber dado a la revista *Automobile* (*Automóvil*) el lema: «¡No más carros aburridos!»

La lección aquí es simple: Encuentra tu enfoque de «entusiasmo». Colma tu vida con pura alegría; enamórate de algo que sea realmente genial. Empieza una aventura; intenta algo grandioso. Haz tu lema: ¡No más vida aburrida!

Esto puede ser la clave para atraer a la gente correcta a tu vida. Cuando andas a toda máquina, la gente quiere estar contigo. Comparte entusiasmo a otros al entusiasmarte a ti primero.

Ponte en marcha y sé feliz. La Biblia dice en Nehemías 8.10 que «*El gozo del Señor es tu fortaleza.*» (RVR1960)

29 - Vitalidad juvenil

Causó una de sus más grandes sensaciones a la edad de 91 años.

Sidney Harman fue un verdadero hombre del renacimiento. Su historia es una de logros extraordinarios y vitalidad juvenil.

A la edad de 35, fue uno de dos fundadores de Harman/Kardon, una compañía que fabricaba y vendía equipo de audio de alto nivel para uso residencial y de negocios. Tiempo más tarde, desarrolló y vendió dispositivos de navegación para autos. Forbes estimó su fortuna en el año 2010 en $500 millones. Fue un filántropo que donó millones de dólares para la educación y las artes.

También fue un ávido deportista que jugaba golf y tenis por casi toda su larga vida. Era un entusiasta de la buena salud y estado físico, quien brincaba de la cama para hacer calistenia cada mañana. Adoraba la erudición, y regularmente leía e investigaba para generar nuevas ideas. Se esforzó para leer a través de incontables libros para mantenerse en las fronteras del pensamiento creativo.

Estudió física, ingeniería y psicología social. Era un fanático conocedor tanto del jazz como de la música clásica y podía recitar a Shakespeare de memoria.

Además de sus actividades de negocios, Harman fue el presidente de una universidad cuáquera en Long Island, Nueva York, y sirvió como Secretario Diputado de Comercio en el gobierno de los Estados Unidos en los años 1970. Bajó el ritmo lo suficiente para escribir sus memorias, las cuales publicó a la edad de 85 años.

Estaba todavía activo en los negocios en sus noventa años de edad y, para sorpresa de muchos, compró la revista *Newsweek* en agosto del 2010, dos días antes de su cumpleaños 92. Inmediatamente, enlazó *Newsweek* a una nueva y candente página de Internet llamada *The Daily Beast* (La Bestia Cotidiana) y se preparó para asombrar al mundo de los medios, incluso cuando no tenía ninguna experiencia en el mundo virtual.

Hizo todo con una vitalidad juvenil.

Permíteme sugerirte lo siguiente:

1. Elige algo que te haga sentir joven y hazlo por una semana.
2. Haz una lista de gente que te haga sentir joven y dinámico y haz arreglos para pasar tiempo juntos.
3. Elige un proyecto que sea excitante y que se pueda lograr. Crea un plan para hacerlo realidad. Haz el plan.
4. Pídele a Dios por una misión que requiera energía juvenil.

La Biblia dice: «*Pero los que esperan a Jehová tendrán nuevas fuerzas; levantarán alas como las águilas, correrán y no se cansarán; caminarán y no se fatigarán.» (Isaías 40.31 RVR1960)*

Deja que tu vitalidad juvenil fluya.

30 - Acondicionamiento físico

Él era el padre del acondicionamiento físico.

Era, tal como lo admite, una ruina emocional y física mientras crecía en San Francisco. Era un chico con granos que adoraba la comida chatarra. Cuando tenía 15 años, fue a una conferencia acerca de dieta y nutrición. Por el resto de su larga vida, dio crédito a esta única conferencia de cambiarlo todo. Comenzó a ejercitarse con pesas en un tiempo en que el entrenamiento con pesas era considerado extraño e incluso peligroso. En 1935, mientras estaba en sus veintitantos, fundó un gimnasio en una vieja oficina de un edificio en Oakland, California. Fue el primero en crear el concepto de un centro de acondicionamiento físico de uso general que incluía no solamente el gimnasio, sino también una barra de jugos y tienda de alimentos saludables. Su idea se convirtió en el prototipo ejemplo para todos los centros de acondicionamiento físico subsiguientes.

Años más tarde, escribió acerca de la oposición que tuvo que enfrentar. Expresó que «la gente me consideraba un charlatán y un chiflado. Los médicos estaban en contra mía—dijeron que el ejercitarse con pesas causaría a las personas paros cardiacos y perderían el deseo sexual».

En 1951, comenzó un programa televisivo local en San Francisco que se hizo a nivel nacional en 1959. Utilizaba a un pastor alemán de nombre *Happy* para atraer a una audiencia al ejecutar trucos. Tenía poco dinero para comenzar y para sus accesorios simples utilizó palos de escoba, una silla y una cuerda de goma para demostrar ejercicios de fuerza. Sus demostraciones más famosas fueron sus flexiones usando la punta de sus dedos. El programa continuó hasta los 1980 y él inspiró a toda una generación para elegir el acondicionamiento físico como un estilo de vida.

A los 60 años, nadó de la Isla de Alcatraz a Fisherman's Wharf, llevando las manos esposadas y remolcando un bote de 1.000 libras. Repitió el nado, nuevamente esposado y remolcando 70 botes que llevaban 70 personas. Murió a los 96 años de neumonía.

Jack Lalanne creía que el acondicionamiento físico salvó su vida. Dijo que ni siquiera le gustaba ejercitarse, pero los beneficios de salud eran tan grandiosos que siguió el programa. Dijo que valía la pena verse y sentirse tan bien.

Échate un vistazo. ¿Estás en buena forma? ¿Cómo te sientes? ¿Cómo te ves? ¿Quieres verte y sentirte mejor? ¿Qué planeas hacer al respecto?

Primero, consulta a tu médico y luego comienza un programa de acondicionamiento físico, incluso si solo lo empiezas con una corta caminata. Jack te diría que lo hicieras.

La Biblia dice: «*¿O ignoráis que vuestro cuerpo es templo del Espíritu Santo, el cual está en vosotros, el cual tenéis de Dios, y que no sois vuestros? Porque habéis sido comprados por precio; glorificad, pues, a Dios en vuestro cuerpo y en vuestro espíritu, los cuales son de Dios.*» *(1 Corintios 6.19-20 RVR1960)*

Trata el templo con respeto.

31 - ¡La cosa no está tan mal!

Estos son unos comentarios reales de la gente que lo conoció.

Un hombre lo llamó «mestizo» y «el gran aventurero [no era un halago] en la historia política moderna».

Otro lo describió como «parte de los desperdicios y desechos de la deriva política lanzado a la playa».

Un compañero de trabajo dijo: «parece haber una inclinación … a creer que [él] será un completo fracaso».

Un hombre que lo conoció por años, escribió: «Quizá ganará … tal vez no. Cómo podría alguien esperar que él [ganara], no lo sé, al observar su récord sin paralelo de perder todo lo que tocan sus manos».

Un hombre que regularmente trabajaba con él dijo que era «un terrible riesgo, no puedo evitar sentir que [nosotros] hemos sido maniobrados hacia la posición más peligrosa».

Cuando tuvo un momento para pensarlo, el hombre que acabo de mencionar agregó: «Rara vez [alguien] puede haber tomado [una posición] con el Grupo de Poder con tantas dudas de la elección y tan preparado para tener sus dudas justificadas».

Sin embargo, este mismo hombre escribió posteriormente: «Dentro de quince días todo había cambiado».

El hombre tan calumniado por éstos y muchos otros ataques públicos y privados se convirtió en el líder conocido como «el hombre del siglo»: la única figura más importante al salvar al mundo de la noche oscura del terror y la tiranía Nazi. Este es el hombre que siempre será recordado por dirigirse al Parlamento

Británico en su primer discurso como primer ministro, con estas palabras: «Ustedes preguntan ¿cuál es nuestro objetivo? Mi respuesta es una palabra: es victoria, victoria a toda costa...».

El camino no fue siempre fácil para Winston Leonard Spencer Churchill. Era atacado por los dudosos y por líderes. Era considerado un tonto y un fracasado y al que no se le confiara con mucha responsabilidad. También era el guerrero que el mundo necesitaba. Él fue, en las palabras de William Manchester, «el último león».

La próxima vez que te sientas tentado a languidecer bajo el peso de la presión negativa, recuerda a Winston Churchill. La próxima vez que te veas tentado a rendirte ante la desconfianza de ti mismo, recuerda a Winston Churchill. Las cosas no son tan malas como tú piensas. Todavía puedes ganar. Todavía puedes conquistar; todavía puedes triunfar. Todo lo que debes hacer es «nunca darte por vencido» (tomando otra de las frases magníficas de Churchill).

Josué 1.9 dice: «*Mira que te mando que te esfuerces y seas valiente; no temas ni desmayes, porque Jehová, tu Dios, estará contigo en dondequiera que vayas.*» *(RVR1960)*

La cosa no está tan mal. Todavía puedes ganar.

32 - Elige ganar

Comenzó cuando George no pudo llegar a la cima de la escalera. Tenía 45 años de edad, disfrutaba de una práctica médica exitosa y fumaba bastante. Cuando no logró alcanzar el descansillo, se aferró al barandal y aspiró a todo pulmón en tortura. Mientras esperaba a recobrarse, sintió una ola de disgusto. Se dio cuenta que se había convertido en todo lo que odiaba: un hombre pasado de peso y dependiente del tabaco, quien estaba envejeciendo antes de su tiempo.

Los próximos dos minutos cambiaron su vida para siempre. Le sobrecogió una visión repentina de lo que todavía podría ser. Decidió desafiar su enfoque desatinado de ver la vida y lanzarse a la misión de transformar su salud. Se convirtió en corredor.

Calculó que 26 vueltas alrededor de su patio trasero en Rumson, New Jersey harían una milla. Organizó su rutina diaria en un programa de acondicionamiento físico, dejó de fumar y transformó su dieta a más frutas y vegetales. Cinco años después, corría una milla en 4 minutos y 47 segundos, lo cual era el tiempo más rápido recorrido por una persona de 50 años. Se convirtió en un contribuyente regular de la revista Runner's World (El mundo de los corredores) y escribió *Running and Being: The Total Experience* (Correr y ser: la experiencia total) que se convirtió en uno mejor vendido en Nueva York.

El despertar de dos minutos en la escalera en su hogar condujo a George Sheehan hacia un nuevo mundo de salud y propósito.

¿Necesitas un despertar? ¿Es tu vida todo lo que esperabas? ¿Estás parado en la escalera asombrado al darte cuenta de que no eres la persona que planeabas ser?

Tienes un potencial dado por Dios en tu interior. Hay un

sueño que te conmueve y te impulsa. Mientras estás parado en la escalera, ese sueño está buscando liberarse.

El momento crítico para el Doctor Sheehan vino cuando se dio cuenta que sus elecciones habían producido un resultado que no quería. Había caminado una ruta hacia su ruina y solo él pudo tomar la salida. Él, una estrella de la pista en el colegio, había tirado a la basura los principios de entrenamiento y disciplina que habían probado funcionar para intentar otro plan que falló.

Las grandes preguntas para ti, ahora, son éstas: ¿Está funcionando tu vida? ¿Están creciendo tus finanzas? ¿Estás siguiendo un plan que te lleve a dónde quieres ir? Si no, ¿por qué no?

Estas son las razones por las que la gente triunfa. El logro no se basa en la suerte. La felicidad no sucede por equivocación.

La Biblia dice en Deuteronomio 11.26-28: *«He aquí yo pongo hoy delante de vosotros la bendición y la maldición: la bendición, si oyereis los mandamientos de Jehová, vuestro Dios, que yo os prescribo hoy y la maldición, si no oyereis los mandamientos de Jehová, vuestro Dios y os apartareis del camino que yo os ordeno hoy, para ir en pos de dioses ajenos que no habéis conocido.»* (RVR1960)

33 - ¡Ja ja ja!

¿Por qué cruzó la gallina el camino? Porque quería llegar al otro lado.

A todos nos gusta reír. El humor levanta el corazón y lubrica las relaciones, pero hace más que eso, de hecho.

En 1995, los investigadores de la Escuela de Medicina de la Universidad Loma Linda hicieron que 10 estudiantes observaran un video de un comediante llamado Gallagher aplastando sandías con un mazo. Era un video muy cómico. Los investigadores encontraron que hubo una mesurable disminución en las hormonas del estrés (epinefrina y dopamina) y un marcado incremento en endorfinas (los analgésicos para que el cuerpo se sienta bien) en las muestras de sangre de cada uno de los diez sujetos.

Incluso resultados más positivos se registraron en los sistemas inmunológicos de los estudiantes. Estos incluían:

1. Niveles incrementados de interferón gamma, una hormona que activa el sistema inmunológico y lucha contra los virus.

2. Cantidades incrementadas de células T, que ayudan al cuerpo a resistir las enfermedades.

3. Incremento de niveles de proteína de Complemento 3 (C3), que ayuda a los anticuerpos a matar infecciones y eliminar células dañadas para que crezcan células nuevas y saludables.

4. Incremento de células NK (células asesinas naturales) que protegen el cuerpo de células ajenas, células cancerígenas y células infectadas por virus.

Permíteme sugerir lo siguiente:

1. ¡Relájate! No tomes todo (especialmente a ti mismo) tan seriamente.
2. Lee un libro divertido o ve una película divertida al menos dos veces al mes. Tu sistema inmunológico te lo agradecerá.
3. Aprende a ver humor natural en cada situación cotidiana. Ve alrededor. Si ves gente, pronto verás algo gracioso.

Uno de mis versos favoritos de la Biblia dice: «*El corazón alegre constituye un buen remedio.*» *(Proverbios 17.22 RVR1960)*

Ríe acerca de algo hoy.

34 - Curiosidad

Nació en Lichfield, Staffordshire, Inglaterra, el 18 de septiembre de 1709. Cuando falleció en 1784, era el hombre más famoso de la nación. Incluso ahora, más de 1800 de sus frases circulan por el internet.

Era físicamente feo y con un sobrepeso brutal. Caminaba de forma tambaleante y arrastrando los pies como si fuera un gran oso forzando su paso a través del bosque. Incluso con su volumen, era sorpresivamente fuerte: Fue descrito como un boxeador «espantosamente bueno».

El Rey Jorge III le pagó un estipendio de 300 libras al año (un trabajador típico solo ganaba una libra al año) para que, tal como escribe Boris Johnson: «simplemente exista». Los turistas regularmente visitaban su hogar en Johnson's Court cerca de la calle Fleet, esperando poder verlo. Cuando murió, Edmund Burke (el más grande político y filósofo de su época) fue un portador del féretro. Fue enterrado en Westminster Abbey (sitio de la famosa boda del Príncipe Charles y la Princesa Diana) y fue homenajeado con monumentos en la Catedral de San Pablo y en la Catedral de Lichfield. El domingo después que muriera, casi todas las congregaciones de la Iglesia de Inglaterra escucharon un sermón basado en su vida.

Samuel Johnson no era un atleta, científico, inventor, político o explorador. Por lo tanto, ¿qué fue lo que lo hacía tan especial? Era tremendamente curioso acerca de todo y dedicó su vida a entender y explicar la vida a todos los que pudiera.

Su gran logro fue organizar el primer diccionario de la lengua inglesa. Les tomó a cuarenta franceses 55 años para elaborar el primer diccionario del francés. Le tomó a la Accamedia della Crusca 20 años de forma colectiva, para producir el primer diccionario del italiano. Le llevó a Johnson solamente nueve años para elaborar el primer diccionario en inglés, y lo hizo solo. Escribió 40.000 de las entradas él solo. Cuando fue desafiado por una mujer que señaló un error y luego le preguntó por qué lo había cometido, él respondió: «Por ignorancia, Madam, por ignorancia».

Fue considerado el más fascinante conversador de su época y su presencia se demandaba en las mejores fiestas. Amaba a la gente, la comida y familia. Era devoto a su esposa y a su gato, Hodge. No había nadie más popular.

Su frase más famosa revela mucho acerca de lo que lo hacía excepcional. Una vez dijo: «Cuando te canses de Londres, significa que estás cansado de la vida...». Su curiosidad sin límites acerca de todo lo mantuvo intelectualmente joven e hizo que fuera adorado por cualquiera que lo conociera.

¿Qué hay de ti? ¿Tienes una vibrante curiosidad acerca de la vida? ¿Estás a la caza de nueva y emocionante información? ¿Te fascina la gente? ¿Eres joven de mente y corazón?

¿Por qué no tomas la decisión de aprender algo nuevo cada semana? Podrías quedar sorprendido con los resultados.

Pon tu mente en marcha. Sigue aprendiendo. Mantente joven toda tu vida. La Biblia dice en Eclesiastés 3.6: «*[Hay un] tiempo de búsqueda.*» *(RVR1960)*

Mantén viva tu curiosidad.

35 - ¿Qué hay en un nombre?

Conozco a un hombre que se hace llamar «Batería Bob». Siempre me ha gustado su nombre porque lo hace fácil de recordar, y la palabra «batería» me permite pensar en la energía positiva. No sé cómo llegó a llevar ese nombre, pero es por seguro que lo hace destacar.

Algunas veces le pones un sobrenombre a un amigo para ayudar a identificar algo acerca de él. En la universidad, llamábamos al estudiante mayor que monitoreaba nuestra residencia universitaria «tirano», aunque su nombre era Frank. No era, de hecho, un tirano, pero el nombre le quedaba bien (de una manera graciosa) porque siempre nos estaba vigilando.

Yo tuve dos apodos en la universidad. Comencé con «perro enojado» y terminé como «la rosa». No preguntes.

Los grupos de animales a veces son etiquetados de formas extrañas:

- Una perspicacia de monos
- Una nube de murciélagos
- Una pereza de osos
- Una estela de buitres
- Un echado de cocodrilos
- Un asesinato de cuervos
- Una congregación de águilas
- Un hervidero de anguilas
- Una torre de jirafas
- Una hinchazón de hipopótamos
- Una risotada de hienas
- Una travesura de ratones
- Una espina de puercoespín
- Una rumba de serpientes de cascabel.

Siempre hay nombres y los nombres importan.

Si deseas causar una gran impresión en alguien, recuerda su nombre. El nombre de una persona es la palabra más poderosa en su vocabulario. Cuando aprendas y recuerdes el nombre de alguien, estás mostrando que lo valoras y respetas. Destacas como un líder cuando llamas a alguien por su nombre.

Permíteme sugerir esto:

1. Enfocarte cuando conozcas a alguien. Decir su nombre inmediatamente después de que lo conoces te ayuda a recordarlo. Algunos estudios indican que deberías repetir el nombre por lo menos tres veces, y,

2. Utilizar palabras que rimen o que suenen como el nombre para ayudarte a recordar. Por ejemplo, cuando conozcas a un Paco, podrías pensar algo como: *Como un taco con Paco.*

¿Qué hay en un nombre? Grandes posibilidades, cuando lo recuerdes y lo uses. Incluso Dios dejó a Adán que le diera un nombre a cada animal: «*Jehová [Dios] los trajo [a los animales] a Adán para que viese cómo los había de llamar; y todo lo que Adán llamó a los animales vivientes, ése es su nombre.*» *(Génesis 2.10 RVR1960)*

Los nombres son así de importantes. Haz que te conozcan como uno que sabe los nombres de la gente. Te van a amar por ello.

36 - Ideas

En 2009, el gobierno británico eligió ejemplos clave de diseño británico memorable para que fueran colocados en las estampillas de correo.

Esta lista incluía:

1. La silla de polipropileno
2. La minifalda
3. La cabina telefónica roja
4. El avión supersónico Concorde
5. El mini automóvil

Probablemente, estés familiarizado con los últimos cuatro, pero ¿sabes qué es la silla de polipropileno y por qué fue seleccionada?

Robin Day inventó la silla en 1962 y su diseño rápidamente se hizo popular a través del mundo. La hizo con «una armazón moldeada de polipropileno sujetada a una base de acero tubular curvo con esmalte».

El periodista Bruce Weber del New York Times la llamó «cómoda, durable, barata, liviana, fácil de limpiar y también de almacenar». El diseño original ha vendido más de 14 millones de unidades y 500.000 nuevas se venden todavía cada año.

Una cosa más la hizo la silla más popular jamás inventada: Era la primera silla apilable, lo cual significó que iglesias, escuelas, oficinas, auditorios y hogares privados pudieran almacenar todas las que necesitaran y sacarlas cuando las requirieran. Fue una idea simple de puro genio.

Atesora tus ideas porque no sabes lo que una idea puede

producir. Nunca podrás predecir el futuro de una buena idea.

Permíteme sugerir:

1. Mantén un cuaderno (o dispositivo electrónico con capacidad para grabar) disponible todo el tiempo. No sabes cuándo te tocará la inspiración.
2. Escribe (o graba) CADA idea. Generalmente, la olvidarás a menos que anotes el pensamiento exacto.
3. No deseches una idea porque parezca muy loca o simple. Puede llevar a algo significativo.

Es sabio buscar buenas ideas. La Biblia dice acerca de la sabiduría: «*Porque su ganancia es mejor que la ganancia de la plata y sus frutos más que el oro fino.» (Proverbios 3.14 RVR1960)*

37 - Escápate

En 1963, una película fue estrenada tanto en los Estados Unidos como en Europa que estaba basada en la mayor fuga de prisioneros aliados de guerra de un campo de concentración alemán en la Segunda Guerra Mundial.

El escape real ocurrió en 1944 cuando 250 prisioneros escaparon de Stalag Luft III en lo que ahora es Polonia. El incidente causó ondas de conmoción a través de la Alemania Nazi porque el campo había sido diseñado para ser a «prueba de fugas» con la más novedosa y mejor (o al menos eso creyeron) tecnología de seguridad jamás ideada.

Esa película de 1963, *The Great Escape* (El Gran Escape), fue estelarizada por Steve McQueen, James Garner y Richard Attenborough. Attenborough llevaba el personaje del oficial RAF Roger Bartlett, quien planeó el escape al organizar a los prisioneros. En una escena, el inspiró a los hombres al decirles que estaba orgulloso de estar prisionero con «los artistas más grandiosos de escapes en el mundo».

Los fanáticos de las películas deben de haber quedado inspirados también, porque la película, que costó $11.744 para su producción, tuvo una ganancia de 3,8 millones (una gran suma para ese tiempo) y se convirtió en uno de los mayores éxitos del año.

El doctor en medicina Raymond Flannery Jr., de la Escuela Médica Harvard, escribe que los estudios de la gente más saludable (aquéllos con los niveles más bajos de angustias y enfermedades) muestran que todos disfrutan de alguna forma de relajación diaria. El Doctor Flannery llama a esto: «relajación activa» y para ser efectiva, debería durar por lo menos 15 minutos. Escribe que este tiempo de descanso debería ser una escapada completa de las rutinas y responsabilidades regulares del día. Después declara que este periodo debería ser sin estrés y que contenga algo que verdaderamente disfrutas, como escuchar música, caminar fuera o ver fotos de personas y escenas que te hagan feliz.

Leonardo Da Vinci dijo: «De vez en cuando, escápate, aunque sea brevemente, ten algo de relajación para que cuando regreses a tu trabajo, tu juicio sea más seguro: puesto que el permanecer constantemente en el trabajo va a causar que pierdas poder...».

Permíteme sugerir:

1. Escapa por lo menos 15 minutos, dos veces al día. La primera vez te va a renovar y la anticipación de la segunda vez te va a dar energía.
2. Prepárate para una escapada especial: Ten música o un libro listo con afirmaciones positivas. Además de leer versos emocionantes de la Biblia, disfruto llevar folletos de viajes de lugares a los que quiero visitar, para que pueda verlos e inspirarme. Incluso llevo conmigo mapas de lugares a los que quiero ir de excursión para poder imaginar la experiencia. Puedes hacer lo mismo con todo desde campos de golf hasta playas. Haz lo que funcione.

Jesús dijo en Marcos 6.31: «*Venid vosotros aparte a un lugar desierto y descansad un poco.*» *(RVR1960)*

Disfruta tu escapada.

38 - Una meta digna

Eugene Goldwasser es un héroe del cual probablemente nunca has oído.

Nació en Brooklyn, el 14 de octubre de 1922. Cuando el negocio de ropa de su padre se vino abajo durante la Depresión, la familia se mudó a Kansas City, Missouri, donde fue a la escuela secundaria. Entró a un pequeño centro formativo superior y luego se transfirió a la Universidad de Chicago con una beca. Con el tiempo, logró un doctorado en bioquímica.

En 1906, dos investigadores franceses dieron vida a la idea de que algo en la sangre humana causaba la producción de glóbulos rojos saludables, pero no podían encontrar una prueba. En 1956, Goldwasser decidió localizar la misteriosa sustancia. Pensó que la investigación le llevaría algunos meses, pero se extendió a 20 años. Eventualmente, aisló una proteína que él llamó: eritropoyetina, conocida actualmente como EPO. Es el detonante que le dice al cuerpo que produzca glóbulos rojos, los cuales llevan oxígeno a los tejidos del cuerpo.

Todo esto importa porque EPO se produce ahora en masa y se da a los pacientes de todo el mundo para curar la anemia. Esto es un gran avance porque, tal como Andrew Pollack escribe, «La mayoría de las personas que están bajo diálisis del riñón, ahora reciben EPO, ayudándoles al alivio de anemia severa ... [y] muchos pacientes de cáncer también obtienen el medicamento para combatir la anemia causada por la quimioterapia». El Doctor Gary Toback, un amigo y colega del Doctor Goldwasser, dijo: «Simplemente le causaba un continuo placer que el trabajo que hizo terminó teniendo un impacto en los pacientes».

El Doctor Goldwasser una vez escribió que no tenía idea de que los resultados fueran tan útiles, pero siempre le pareció creer que su búsqueda de la escurridiza proteína era una meta que valía la pena. Le llevó 20 años, pero nunca se dio por vencido. ¿Qué me dices de ti? ¿Tienes metas valiosas? ¿Estás en una búsqueda intensa de grandes resultados? ¿Te estás esforzando por algo que puede bendecir y ayudar a las personas?

Permíteme sugerir lo siguiente:

1. Haz una lista de 5 metas valiosas que te emocionen personalmente. Recuerda que está bien empezar con metas pequeñas.
2. Ora por la guía de Dios, luego elige una y haz un plan para lograrla.
3. Repite el proceso. Cuando hayas terminado una meta, regresa a la lista y empieza el proceso de nuevo.
4. Sigue avanzando hasta que te conviertas en un experto en hacer el bien.

La Biblia dice: «*Hacedlo todo por la gloria de Dios.*» *(1 Corintios 10.31 RVR1960)*

39 - El regalo correcto

Lew le caía bien a cualquiera que lo conociera.

Nació en Edimburgo, Escocia, hijo de un ingeniero de faros. Debido a la influencia de su padre, ingresó a la Universidad de Edimburgo para estudiar ingeniería, pero cambió a derecho, se graduó y fue admitido en el colegio de abogados en 1875. Era incansable. Vivió eventualmente en Francia, los Estados Unidos y la Isla de Samoa en el Pacífico Sur.

Se dio cuenta que estaba más interesado en las historias que en el ejercicio del derecho, por lo tanto, comenzó a escribir ficción. Intentó historias cortas, literatura infantil y poesía. En los 1880, conoció a un poeta de una sola pierna de nombre W.E. Henley, quien lo inspiró a crear a un pícaro pirata de una sola pierna. Lo nombró Long John Silver y lo convirtió en el centro de la historia de aventuras que publicó en 1883, llamado *Treasure Island* (La Isla del Tesoro). Al éxito mundial de esa novela le siguió el éxito de la novela *Kidnapped* en 1886, (Secuestrado), *Strange Case of Dr. Jekyll and Mr. Hyde* en 1886 (El extraño caso del Doctor Jekyll y el Señor Hyde) y *The Master of Ballantrae* en 1889 (El señor de Ballantrae).

Robert Louis Stevenson se mudó a Samoa en 1890, con su esposa Fanny, con la esperanza de que el clima tropical curara su tuberculosis. Los samoanos lo adoraban y lo llamaban Tusitala, lo que significa «contador de historias». Su condición empeoró y murió en la isla el 3 de diciembre de 1894. Antes de morir, preparó un testamento que dejó un obsequio inusual a alguien que apenas conoció. Instruyó a su abogado a contactar a una muchacha que una vez le había dicho que puesto que su cumpleaños era el día 25 de diciembre (día de Navidad), se sentía un poco triste porque solamente recibía un solo juego de regalos. Ordenó que se le dijera a la niña que «Lew» le había dado su cumpleaños del día

13 de noviembre como regalo especial, para que siempre tuviera un cumpleaños que celebrar de forma separada.

El regalo adecuado puede hacer una diferencia especial en la vida de alguien.

Cuando das un regalo que se adapta a esa persona, se hace aún más significativo.

Mi hija, Allison, tiene el regalo de la amistad. Ella pasa tiempo investigando y planeando cuidadosamente cada regalo que da. Debido a esto, esos regalos ayudan a crear un nivel de conexión y amistad más profundo. Para Allison, no existe tal cosa como un regalo casual. (Ella aprendió esto de su madre, Amy, quien es un genio para dar regalos y trabaja durante todo el año para seleccionar justo los regalos apropiados).

Permíteme sugerir:

1. Haz una lista de todos a los que planeas darles un regalo (grande o pequeño) este año. Toma algo de tiempo pensando en el regalo apropiado para cada persona. Agrega el regalo apropiado a la lista.
2. Haz que el dar un regalo sea una expresión de afecto genuino para la otra persona. Haz que el regalo importe. Recuerda que este nivel de consideración es más importante que el precio del obsequio.

La Biblia dice que: «*Toda buena dádiva y todo don perfecto desciende de lo alto, del Padre.*» *(Santiago 1.17 RVR1960)* Por supuesto, el perfecto regalo de Dios es Su Hijo, nuestro Salvador Jesucristo y es bueno recordar que Dios ama dar obsequios a sus hijos. Tú puedes hacer lo mismo con la gente en tu vida. Siempre trata de dar el regalo adecuado.

40 - Gracias por los recuerdos

¿Has escuchado, alguna vez, acerca de Ruth Hunt? Comenzó vendiendo dulces, basados en sus recetas secretas, en 1921. Tuvo tanto éxito que se expandió, abriendo una fábrica completa de dulces en Mount Sterling, Kentucky en 1930. Eventualmente, vendió 70 variedades de dulces, pero sus confecciones más populares fueron los dulces de crema y las bolitas de Bourbon. Sus recetas todavía se preparan con los ingredientes de la más alta calidad: crema batida verdadera, mantequilla de vaca y leche fresca. La Compañía de dulces Ruth Hunt mantiene su compromiso de los estándares más altos hasta el día de hoy. Sus famosos dulces de crema (también conocidos como «caramelo estirado») se preparan todavía en calderas de cobre, agitados a mano y enfriados en enormes losas de mármol.

La creación más conocida de Ruth Hunt es la barra de caramelo Blue Monday. Está hecha de crema y cubierta con chocolate oscuro extra rico. Fue inspirada por una visita a la fábrica por un pastor de la iglesia quien preguntó si la tienda de la fábrica tenía algún tipo de dulce que pudiera ser bueno para una experiencia disfrutable en un «lunes triste».

La Casa Blanca, una vez, ordenó 80 libras de los dulces de Ruth Hunt para usarlos como regalos de navidad. Su dulce de crema ha sido mencionado en un artículo en el *New York Times* y en 1993, los dulces de Ruth Hunt se convirtieron en los dulces oficiales de Churchill Downs y del Derby de Kentucky.

Desde la infancia, mi dulce favorito ha sido (y lo es todavía) el dulce de crema. Tengo memorias felices de ayudar a mi madre, mis tías y varios primos a preparar dulce de crema hecho en casa. No teníamos las grandes calderas de cobre, pero siempre usábamos las pequeñas losas de mármol porque—tal como mi madre explicaba—«Simplemente, no puedes hacer dulce de crema verdadera sin la superficie de mármol». El dulce salía abrasadoramente caliente. Mis primos y yo nos cubríamos los brazos con mantequilla para resguardarnos del calor y estirar el dulce en tiras largas y delgadas. Las madres, entonces, colocaban el dulce en la losa, cortaban las tiras con tijeras en pedazos del tamaño de un bocado y los dejaban enfriar. Los dulces completos siempre sabían fantásticos.

Debido a la naturaleza del dulce de crema que emplea mucha mano de obra, yo lo compro de la compañía de Ruth Hunt. Mi favorito es uno cubierto de chocolate oscuro. Mi hijo, Jonathan, me ha regalado montones de barras de Blue Monday como regalo de navidad por los pasados dos años. Han sido uno de mis regalos más felices.

La única cosa mejor que los cálidos recuerdos alrededor del dulce de crema es el dulce mismo.

Permíteme sugerir:

1. Haz recuerdos especiales con tu familia y amigos. Disfruta el tiempo juntos.
2. Escribe una breve descripción—agrega fotos si es posible—cuando hayas tenido una experiencia especialmente feliz. Haz una crónica de todo en un diario de recuerdos felices.
3. Considera hacer algo que disfruten juntos (como hacer dulce de crema) una tradición continua.

Usa tus recuerdos positivos para mejorar tus relaciones actuales. La Biblia dice en Filipenses 1.3: «*Doy gracias a mi Dios siempre que me acuerdo de vosotros.*» *(RVR1960)*

41 - Un sueño de chocolate

Milton creció en Hockersville, Pennsylvania, un pequeño pueblo, rodeado de granjas y campos.

Cuando tenía 19, comenzó su primer negocio, almacenando y vendiendo dulces, pero pronto fracasó. Debido a su amor por los dulces, decidió convertirse en un agente viajero, vendiendo dulces en diferentes estados. Aprendió a hacer caramelos en Denver y desarrolló técnicas de ventas directas, mientras vendía dulces en la calle, en la ciudad de Nueva York.

Milton se estableció en Lancaster, Pennsylvania, donde estableció una nueva compañía de dulces que se especializaba en los caramelos que había aprendido a hacer en Denver. En 1893, viajó a Chicago, donde conoció a un hombre de negocios alemán que había inventado una máquina para hacer chocolate. Compró una de sus unidades y eventualmente abandonó los demás artículos dulces y se enfocó en el chocolate. (Vendió su compañía de caramelos en $1 millón y utilizó el dinero para construir una fábrica de chocolate en el centro sur de Pennsylvania). Junto con unos cuantos trabajadores en los que confiaba, se encerró en un cuarto y laboró para crear la receta perfecta del chocolate de leche. Tuvo éxito. Su primera y nueva barra de chocolate se vendió en 1925 y fue llamada: Mr. Goodbar. Le siguió Krackel y una barra larga y rectangular a la que puso su nombre: la barra Hershey.

Milton Hershey insistía en un estricto control de calidad y los mejores ingredientes. Para garantizar un suministro de azúcar de la más alta calidad, desarrolló su propia plantación de azúcar en Cuba. Una vez, respondió en respuesta a una pregunta acerca de su éxito: «Dales calidad, esa es la mejor clase de publicidad en el mundo».

Hershey también tuvo un profundo compromiso con la gente que trabajó para él. Era devoto del bienestar de las familias de sus empleados. Para darles un ambiente positivo para vivir, creó un pueblo alrededor de la fábrica de chocolate. Abrió una competencia para seleccionar el nombre para el pueblo, pero el ganador «Hersheyoko» fue vetado por el Servicio Postal de los Estados Unidos. Eventualmente, el pueblo simplemente se convirtió en «Hershey».

Milton fue famoso por su valentía para tomar riesgos y su visión empresarial, pero se debería recordar que su determinación de crear la receta perfecta del chocolate de leche fue la piedra angular de su éxito.

¿Cuáles son las lecciones que puedes aprender de Milton Snavely Hershey?

1. Enfócate en algo que ames apasionadamente. Milton Hershey amaba los dulces, lo que le llevó a enamorarse del chocolate.
2. Desarrolla las habilidades que ayuden a lograr tu meta. El Señor Hershey aprendió a hacer sus propios caramelos, lo cual, eventualmente, le llevó a ganar $1 millón del dinero de los años 1920. También aprendió habilidades de venta directa en las duras calles de Nueva York.
3. Cuida a las personas que te ayuden. Dile a tu equipo (incluyendo a tu familia) cuánto los aprecias y los valores. Muéstrales tu compromiso por lo que hagas por ellos.

La Biblia dice en Proverbios 24.3-4: «*Con sabiduría se edificará la casa y con prudencia se afirmará, y con ciencia se llenarán las cámaras de todo bien preciado y agradable.*» (*RVR1960*)

Milton Hershey edificó su éxito con sabiduría y conocimiento; por lo tanto, tú también puedes hacerlo.

42 - Mira hacia adentro

Su nombre original era Zantar, pero tiempo más tarde lo cambió a Tublat Zan. Era un hombre joven y notablemente atlético que hablaba francés, inglés, holandés, alemán, swahili y bantú, así como griego antiguo, latín y maya. El día de hoy, es una de las personas más famosas del mundo, con el reconocimiento de su nombre en casi cada país. Su carrera fue seguida por 26 libros (y esos solo son los oficiales) y ha protagonizado 89 películas. Hoy, es conocido por su nombre final, Tarzán.

Edgar Rice Burroughs publicó su primera historia de *Tarzan: Tarzan of the Apes* (*Tarzán de los monos*) en la revista *All-Story* (*Puras Historias*) en octubre de 1912. La historia fue tan popular que la reeditó en la forma de un libro en 1914. El personaje fue tan bien recibido, que fue exhibido en su primera película en 1918, personificada por Elmo Lincoln. Él inspiró a Jane Goodall, famosa investigadora británica de chimpancés, a perseguir una carrera renombrada a nivel mundial en estudios de primates. Goodall una vez dijo que ella había creído, desde la primera vez que leyó las historias de Tarzán cuando era niña, que hubiera hecho un mejor papel como la esposa de Tarzán que Jane.

El famoso grito de Tarzán (el «grito de victoria de un simio macho») fue primeramente escuchado de los labios de Johnny Weissmuller en el filme producido en 1932: *Tarzan the Ape Man* (Tarzán, el hombre mono). Weissmuller era un nadador olímpico, ganador del oro, y fue elegido para hacer el papel, en parte por su apariencia física. Weissmuller también fue entrenado en el arte europeo del canto tirolés y utilizó su entrenamiento para crear el inolvidable grito. Aunque esta narración está en discusión, Weissmuller, su hijo e incluso su coprotagonista, Maureen O'Sullivan, todos declararon que el grito era una creación auténtica de Weissmuller.

La lección más importante de esto es que cuando algo tan crítico como «el grito» se necesitaba en el filme, Weissmuller probó que ya tenía lo que se necesitaba de él, en su interior.

¿Qué hay en tu interior que pudiera hacer una diferencia en tu vida? ¿Qué habilidades, talentos o luces ya tienes que, al momento de desarrollarlas, destaparían las posibilidades en tu futuro?

1. Haz una lista de todo lo que sabes hacer bien, aunque parezca significativo o no.
2. Toma la lista y elige tres cosas que puedas desarrollar para mejorar tus oportunidades de éxito.

La Biblia dice en Proverbios 14.8: «*La ciencia del prudente está en entender su camino.*» *(RVR1960)*

Pídele a Dios que te ayude a «entender tu camino». Puedes llegar a sorprenderte de lo que encuentres.

43 - Siéntate recto

Una vez, pasé parte de una hora comiendo galletas con trocitos de chocolate con Ronald Reagan. Me encontraba en un circuito de conferencias con él, para una porción del primer año de su mandato. Reagan y yo compartíamos la plataforma en las convenciones. Él siempre era brillante, cortés y solidario. Nos hacía sentirnos especiales de forma consistente. Su mezcla de liderazgo y humildad desencadenaba lealtad y aprecio de todos los que trabajábamos con él.

En una ocasión, Reagan nos preguntó a mí y a dos más si nos gustaba el fútbol americano. Cuando dijimos que sí, procedió a enseñarnos su jugada favorita de sus días como jugador de fútbol universitario. Incluso nos hizo alinearnos y realmente correr la jugada, aunque nos encontrábamos en un cuarto de espera en un centro de convenciones. Fue gran diversión y muy memorable.

Además de la gracia inusual de Reagan como ser humano, también noté su postura de confianza. Estaba en sus setentaytantos, pero todavía se paraba y se sentaba recto. Su postura física era una expresión convincente de sus habilidades de liderazgo. Todavía montaba a caballo regularmente y su estado físico ayudaba a proyectar su confianza.

El Doctor David Imrie, un especialista en medicina ocupacional, dice: «La postura no es solamente la manifestación del balance físico. También es una expresión del balance mental».

El Doctor Robert Cooper escribe: «Las investigaciones sugieren que cómo te sientas y te pones en pie puede ejercer una influencia poderosa no solamente en qué tan rápido envejezcas, sino también en tu mente y estado de ánimo.... Repantigarte o encorvarte en tu asiento crea de 10 a 15 veces más presión en tu espalda baja que sentarte derecho ... cuando estás encorvado ...

también restringes tu respiración e impides la circulación. Sin embargo, aquí está la clave: El sentarte y pararte con una postura recta y relajada es una elección que puedes hacer—o fallar en hacer—todos los días de tu vida».

Parece que mientras la gravedad te empujara hacia abajo, es mejor para ti el intentar una postura correcta.

La lista, el día de hoy, es muy corta y simple:

1. Siéntate derecho
2. Párate derecho

La Biblia dice que: *«Jesús crecía en sabiduría y en estatura.»* *(Lucas 2.52 RVR1960)*

Tú puedes hacer lo mismo.

44 - Un corazón humilde

Jugaba polo y montaba caballos tan bien que en breve calificó como extra en una película de vaqueros de los Estudios Warner Brothers. Amaba Hollywood y deseaba una carrera en el entretenimiento desde que era joven.

Nació en Chicago en 1901, como el cuarto hijo de un granjero que se mudó con la familia a Missouri en 1906. La familia volvió a mudarse cuando tenía 12 años y se establecieron en la Ciudad de Kansas. Con el tiempo, volvió a Chicago y se inscribió en la Academia de Bellas Artes de Chicago, dónde estudió ilustración. Se mantenía al trabajar en la noche como vigilante y cartero. Cuando estalló la Primera Guerra Mundial, mintió acerca de su edad y sirvió en Francia como conductor de ambulancia para la Cruz Roja. Después de la guerra, regresó a la ciudad de Kansas City y trabajó como ilustrador.

Mientras estaba trabajando para la compañía Newman Laugh-O-Gram, tenía a un ratón como mascota al que llamaba Mortimer. A su esposa no le gustaba el nombre, por lo tanto, lo cambió a Mickey y decidió dibujar una caricatura basada en el pequeño roedor. Su creación fue presentada al mundo el 18 de noviembre de 1928. El ratón se hizo enormemente popular y formó la fundación de un imperio del entretenimiento. Con el tiempo, ganó 26 Premios de la Academia por múltiples películas animadas y en vivo y abrió el primer complejo para un parque temático de entretenimiento en Anaheim, California, en 1956. Utilizó su apellido familiar y lo llamó Disneylandia.

Walt Disney se convirtió en una imponente leyenda del mundo del entretenimiento. Generó cientos de millones de dólares y fue una de las celebridades mejores conocidas y más amadas en el mundo para el momento en que murió: el 15 de diciembre de 1966. Pero incluso con su éxito fenomenal, él conservaba una humildad simple. Nunca se tomó él mismo muy en serio y siempre mostró agradecimiento por los privilegios de que gozó. Era devoto a su esposa, Lillian y a su hija Sharon. Una vez cuando le preguntaron cómo se sentía ser una gigantesca celebridad, él dijo que el ser una celebridad «no parece mantener a las pulgas lejos de los perros; por lo tanto, creo que no debe ser mucho ser una celebridad, después de todo». Su corazón humilde lo protegió de las tentaciones y desastres potenciales del típico estilo de vida de las celebridades.

Vigílate:

1. Vigila tus reacciones. Mantente consciente si eres demasiado sensible y te ofendes con facilidad. Ese puede ser tu ego mostrándose.
2. Monitorea tus conversaciones. Trata de enfocarte y escuchar a la otra persona; no hables, principalmente, acerca de ti mismo. Pregunta a amigos en los que confíes que te digan la verdad acerca de cómo te comportas con otras personas. La gente muestra más voluntad a ayudarte cuando muestras humildad.
3. Muestra gratitud por tus bendiciones y logros. Reconoce la ayuda de Dios y el apoyo de otras personas en lo que has logrado.

Dios bendice un corazón humilde. *La Biblia dice que «La humildad viene antes que el honor». (Proverbios 15.33 RVR1960)* y *«Humillaos, pues, bajo la poderosa mano de Dios, para que Él os exalte cuando fuere tiempo.» (1 Pedro 5.6 RVR1960)*

45 - Días nevados

Ha estado nevando mucho por las pasadas ocho horas y la temperatura ha descendido 10 grados en menos de una hora. El pronóstico dice que habrá más nieve y una temperatura mínima de 5 grados Fahrenheit (15 grados centígrados) esta tarde. Tenemos un día nevado en Kentucky.

Bernard Mergen en su libro *Snow in America* (*Nieve en América*) escribe: «A las alturas de 9 a 12 kilómetros (30.000 a 40.000 pies) sobre nosotros, las temperaturas bajan a -60 grados centígrados (-76 grados Fahrenheit), un nivel rara vez alcanzado, incluso en los polos.... El vapor del agua se condensa y se convierte en líquido en el aire frío saturado. Se congela alrededor de núcleos justo debajo de 0 grados C.... Cuando descienden hacia la tierra, estos cristales de hielo pasan a través de un proceso llamado sublimación—transformando de sólido a gaseoso sin licuefacción y creciendo de partículas invisibles a agregaciones de cristales a las que llamamos copos de nieve.» Es una acumulación de estos copos de nieve lo que crea las tormentas de nieve y los días nevados.

De acuerdo al Servicio Nacional del Clima, la mayor tormenta de nieve registrada en los Estados Unidos fue el 11 y 12 de marzo de 1888. Esta monstruosa tormenta lanzó de 40 a 50 pulgadas (de 1 m a 1,25 m) de nieve en el este de los Estados Unidos y se documentaron ventiscas de 50 pies (15 m). La tormenta de nieve más grande que yo he experimentado alguna vez fue en Gatlinburg, Tennessee, en marzo de 1993. Participaba como orador en una convención de 5.000 personas. El viernes, estaba a 72 grados Fahrenheit (22 grados centígrados). Para el siguiente día, estábamos enterrados en 37 pulgadas de nieve y la temperatura estaba 18 grados bajo cero Fahrenheit (28 grados bajo cero centígrados). Amy, Allison y yo estuvimos varados por cinco días.

Mi primera reacción para la tormenta de esta ocasión fue la determinación de seguir. Había hecho una lista de prioridades la noche anterior y había decidido ignorar el clima y hacer la lista. Había terminado varios puntos cuando me detuve en un parque para caminar bajo la nevada y me di cuenta que estaba perdiendo una mágica oportunidad. Se me había dado un descanso inesperado. Mi familia estaba en casa y yo no tenía absolutamente ningún lugar a donde ir. Se me había dado un «día nevado». Por lo tanto, regresé a casa, encendí un fuego crepitante y me acomodé para un interludio de invierno con la gente que más amo. En el momento en que escribo esto, no siento ninguna culpa porque, después de todo, es un día nevado.

Algunas veces, lo mejor que puedes hacer con un descanso inesperado en la acción, es abrazar el momento y disfrutar tu regalo sorpresa.

La Biblia dice en Eclesiastés 3.5 que hay un tiempo «*de abrazar*». *(RVR1960)* Quizá necesites abrazar tu interrupción no planeada; puede que sea justo lo que necesitas.

46 - Coraje

El combate aéreo era algo nuevo y atrevido en la Primera Guerra Mundial. La mayoría de los pilotos comenzaban, cada día, sin saber si regresarían con vida. Aquéllos que sobrevivieron fueron evaluados por las victorias que ganaron. Era tan desafiante el vencer a un avión enemigo que solo cinco victorias daban la calificación de «as» a un piloto. Un estadounidense, sin embargo, era tan bueno en derribar aviones enemigos que se convirtió en el único «as de ases» estadounidense. Registró 26 victorias y su estilo de ataque era tan feroz que se convirtió en una leyenda, incluso para los alemanes. Era un piloto de carreras de Columbus, Ohio, de nombre Eddie Rickenbacker.

Eddie desarrolló una reputación por intrepidez, pero la verdad era muy diferente. Acostumbraba volar calmado y controlado en el combate, pero regresaba tembloroso y agotado.

Un reportero le preguntó, una vez, acerca de esto y le soltó el comentario de que Eddie parecía no sentir ningún temor en el aire. La respuesta de Rickenbacker se hizo famosa como una definición de verdadera valentía. Miró al reportero y explicó que la valentía no era ausencia de miedo; era la decisión de perseguir la meta, a pesar del temor. Solo es posible sentir valor cuando se enfrenta el miedo, porque el valor es la elección de superar el miedo. Rickenbacker luego dijo que, por supuesto que luchaba con temor en batalla; pero solo elegía ganar porque la misión era más importante.

Puedes superar el miedo si tu propósito es lo suficientemente grandioso. Puedes elegir el valor cuando te enfocas en la decisión de ganar. No sientas vergüenza ante los sentimientos de temor. Es lo que haces con esos sentimientos lo que importa. Concéntrate en tu propósito; fíjate en tu meta y batalla contra el miedo. Puedes quedar sorprendido de todo lo que puedes lograr.

Recuerda lo siguiente:

1. El miedo es una emoción, no una realidad.
2. El valor es una elección. Está en tu poder hacer esa decisión.
3. «Los hechos no cuentan—dice un amigo mío—si tu sueño es lo suficientemente grande.» Él no intenta decir que los hechos no son significativos, pero lo que puede parecer como hechos insuperables, pueden ser solo excusas. Tú puedes decidir qué hacer con esas excusas.

Tú eres quien eliges ser. Elige ser un hombre o mujer de valor. Elige el valor para hacer las cosas.

La Biblia dice: «*Esfuérzate y sé valiente.*» *(Josué 1.6 RVR1960)*

47 - La lectura

La primera vez que conocí a Charlie fue entre bastidores en una conferencia en Atlanta. Ambos estábamos programados para hablar durante el programa nocturno y esperábamos juntos en el área de espera. Uno de los coordinadores del evento nos presentó y para mi sorpresa, Charlie me dio un abrazo feliz. Era un hombre grande y fácilmente me levantó del piso. Cuando regresé a la tierra, sonrió y me dio otro gran abrazo. Acababa de conocer a Charlie «Tremendo» Jones. Fue el principio de una amistad placentera.

Charlie era un orador motivacional talentoso, quien, frecuentemente, mantenía a su público convulsionado de risa. Era conocido por hacer lo inesperado y la gente nunca sabía qué truco estrafalario haría después. Era famoso por llamar a la gente del público e incluirlos en su actuación. Todos aprendieron rápidamente a no sentarse en las filas de enfrente.

Charlie comenzó como un vendedor de seguros hiperactivo y exitoso, se desarrolló como un entrenador de ventas y finalmente, entró a los seminarios motivacionales. Se convirtió en uno de los oradores más populares en ese ámbito. Aunque era reconocido por sus habilidades de comunicación, también era famoso por su determinación de alentar a todo el que se encontrara a ser un lector comprometido. Inventó una frase que todavía se usa hoy en día: «Los líderes son lectores y los lectores son líderes» Él creía en eso y lo proclamaba en cualquier oportunidad.

El destacado autor británico Peter Ackroyd dice que los libros «son el placer silencioso ... la nodriza de las fantasías y reflexiones, el amante de las pasiones, el instigador de aventuras y cambios y ... literalmente cambian vidas». Eso puede ser algo florido, pero el hecho es que leer abre las puertas como nada más puede hacerlo.

La lectura proporciona un atajo a la experiencia. No tienes el tiempo para vivir la vida de otra persona, pero cuando lees 10 biografías, has tomado un atajo a las experiencias de vida de 10 personas y lo hiciste en días o semanas, no en años. La lectura te expone a ideas y pensamientos que pueden expandir tu mente a niveles mayores. Te da una perspectiva asombrosa de la gente y por qué hacen lo que hacen. La lectura te lleva a lugares que físicamente no puedes visitar, y te enseña habilidades que pueden mejorar tus posibilidades de felicidad y éxito. Incluso, Dios decidió comunicarse Él mismo a través de un libro: la Biblia. La ciencia del cerebro incluso revela que partes de tu cerebro se estimulan solamente por medio de la lectura. ¡Wow! Leer puede ser una de tus herramientas más efectivas en la vida.

Si no acostumbras leer, empieza con algo simple y divertido. Comienza con la ficción, luego muévete a temas que te enseñen lo que deseas aprender. Aprende a disfrutar el proceso. Puede pagar mayores dividendos de lo que alguna vez pensaste. Esto no es una aburrida tarea de escuela; esta es una manera de mejorar tu vida.

La Biblia dice en Eclesiastés 12.12: «*Al hacer muchos libros, no hay final.*» *(RVR1960)* Hablando de Jesucristo, también dice: «*En el principio era el Verbo, y el Verbo era con Dios, y el Verbo era Dios. ... Y aquel Verbo fue hecho carne, y habitó entre nosotros...*». *(Juan 1.1, 14 RVR1960)*

Los lectores son líderes y los líderes son lectores.

Gracias, Charlie.

48 - Un ambiente de armonía

Fue un genio con una vida privada conflictiva. Su historia personal incluía el escándalo, múltiples amoríos, divorcio y un salvaje crimen con un hacha (no cometido por él) que se llevó la vida de siete personas. Alcanzó las alturas de popularidad nacional y descendió a las profundidades del rechazo más de una vez. Sus compañeros de trabajo votaron por él como el mejor en su campo, y al día de hoy, es reconocido como el mayor éxito en su industria. A más de 60 años de su muerte, la gente todavía paga por ver sus obras.

En 1991, el Instituto Americano de Arquitectos seleccionó a Frank Lloyd Wright como el más grande arquitecto de su tiempo. Durante su carrera, desarrolló 1.000 diseños originales y construyó 532 casas y edificios. Fallingwater (una residencia construida en 1935) en Laurel Highlands al suroeste de Pennsylvania, es considerada por la mayoría de los expertos como el más grande ejemplo conocido de la arquitectura estadounidense. Este diseño rivaliza solamente con el asombroso Museo de Arte Guggenheim en la ciudad de Nueva York. Wright basó la construcción del Guggenheim en el aspecto de una concha de mar y trabajó en la estructura por 16 años.

Wright llamó al enfoque de su diseño «arquitectura orgánica» e hizo todo para crear un sentido de armonía entre los seres humanos y su medio ambiente. El mejor ejemplo de esto es su Fallingwater, que fue construida como un hogar privado. La casa está construida sobre una caída de agua natural y es tan pacífica y hermosa que se convirtió en un punto histórico nacional en 1966; también está en la lista Smithsonian de los 28 lugares que debes ver antes de morir. Todo acerca de ello está basado en la idea de la armonía.

La ciencia cerebral reconoce que el orden es importante

para un sentido de bienestar. El cerebro coloca el mundo en categorías mentales que ayudan a organizar su respuesta al exterior. Cuando vives en el desorden y la falta de organización, experimentas falta de armonía e intranquilidad. Es difícil sentir calma y paz en un ambiente inconexo e discordante. Wright tenía razón: La arquitectura orgánica, basada en el orden y armonía, ayuda a darte claridad y enfoque. Esto es la razón por la que inmediatamente te sientes mejor cuando limpias tu armario u ordenas tu escritorio.

Permíteme sugerir:

1. Elige un cuarto en tu casa para ordenar y organizar. ¿Cómo te sientes?
2. Simplifica y reorganiza tu calendario semanal. ¿Mejoran tu enfoque y actitud?
3. Crea más armonía con la naturaleza en tus entornos de vida. Abre las persianas. Siéntate afuera (si el clima lo permite). Coloca flores frescas dónde puedas verlas fácilmente.

Recuerda que cuando Dios hizo al primer hombre y la primera mujer, los puso en un jardín.

La Biblia dice en 1 Corintios 14.33: «*Pues Dios no es Dios de confusión, sino de paz.*» *(RVR1960)*

49 - Esperando resultados

MCA Records originalmente dijo que no estaban interesados en la canción. Pensaron que ofendería a algunas personas o incluso, en el peor de los casos, que no se vendería. El autor de la canción no estuvo de acuerdo y decidió luchar para que su trabajo fuera publicado y divulgado, sin importar las opiniones negativas de su agencia de discos. Así es cómo empezó.

El escritor de canciones compuso su pieza inspirado en un jet comercial de pasajeros coreano y sin armas que fue derribado por jets caza rusos, después de que el avión accidentalmente entró al espacio aéreo ruso. Esto ocurrió el 1 de septiembre de 1983. Murieron doscientas sesenta y nueve personas, incluyendo 63 estadounidenses. Mientras que el país se debatía entre la conmoción y la indignación, este cantante de música country decidió hacer algo en respuesta. (Era el hijo de un músico de carrera de la marina). Había pasado años sufriendo en un oscuro acto en Las Vegas y finalmente había salido y experimentado el éxito con seis éxitos de canciones country de forma consecutiva.

El cantante escribió una canción que expresaba su amor y apoyo por los Estados Unidos y la llevó a su productor Jerry Crutchfield. A Jerry le gustó la canción, pero no podía persuadir a los ejecutivos de MCA para que la lanzaran, porque la consideraron demasiado sentimental. Entonces, el autor grabó un demo, voló a Los Ángeles (por su propia cuenta) y la presentó, personalmente, a Irving Azoff, el presidente de la MCA. Azoff, impresionado por el compromiso y persistencia del artista, estuvo de acuerdo en incluir la canción como parte del álbum que estaba por salir, pero no estuvo de acuerdo en lanzarla sola—lo que significó que la canción probablemente se apagaría y moriría porque solo las canciones solas recibían tiempo para que las tocaran en la radio.

Cuando Azoff escuchó un previo del nuevo álbum, se sintió tan emocionado con la canción que cambió de opinión y la lanzó sola. Escaló al No. 7 de las listas de éxito de música country, pero fue considerada un fracaso porque varias de las canciones previas del cantante habían alcanzado el No. 1. La carrera del cantante quedó tan dañada (en la opinión de los ejecutivos de MCA) que tardó dos años en recuperarse. La canción fue mayormente olvidada en la industria de la música, pero algo raro pasó en las comunidades estadounidenses. Músicos principiantes comenzaron a tocar la canción, así como bandas semiprofesionales a través de los Estados Unidos, con un resultado inesperado. La canción se hizo tan popular que se convirtió en un himno nacional extraoficial. Se escuchaba y cantaba en iglesias, eventos cívicos y clubes de música. Pronto, la canción se convirtió en parte de la cultura común, la aprendieron y la amaron millones de personas. Cuando el ataque terrorista ocurrió el 11 de septiembre del 2001, la nación estuvo lista para la canción y la canción estaba lista para la nación. Ese número, por un determinado cantante de country, se convirtió en una expresión del corazón nacional y así continúa hasta el día de hoy. Estoy seguro que incluso Lee Greenwood estuvo sorprendido por el extraordinario éxito de «Dios bendiga los Estados Unidos».

Algunas veces, necesitas esperar por tus resultados. La conclusión puede tardar, pero el éxito todavía puede ocurrir. En la Biblia, Dios le dijo a David que sería rey. En su lugar, se convirtió en un paria y un proscrito. Le tomó 13 años antes de que la promesa de Dios se cumpliera. Dios le dijo a José alrededor de la edad de 15 que sería un líder, y pasaron 15 años de fe y preparación para que la predicción se hiciera realidad. ¿Qué estás esperando? Si es parte del plan de Dios para ti, va a ocurrir. Los resultados pueden tardar, pero eso no significa que no llegarán.

La Biblia dice: «*¡Bendecidos son todos aquéllos que lo esperan!*» *(Isaías 30.18 RVR1960)*

50 - Risas

El 15 de mayo de 1963, el astronauta Gordon Cooper fue lanzado al espacio sobre el cohete Atlas Faith 7 (Fe 7). Su misión era viajar 600.000 millas en un día y medio al orbitar la tierra 22 veces, triplicando el récord orbital estadounidense anterior. Era una tarea simple que resultó ser no tan simple.

Las primeras dieciocho órbitas transcurrieron sin incidente alguno. Cooper tomó una siesta (fue el primer ser humano en la historia en dormir en el espacio), ejecutó algunos experimentos con ingravidez, tomó algunas fotos de la tierra, y comió varios cubos de mantequilla de maní condensados. Cuando comenzó la órbita 19, ocurrió lo impensable: El módulo comenzó a salir de su trayectoria, y el sistema eléctrico principal de la nave hizo un corto circuito, cortando los sistemas de enfriamiento y purificación de oxígeno, lo que causó como resultado un aumento de dióxido de carbono en la cabina. Cooper decidió empezar un inmediato regreso a la tierra, pero luego los giroscopios, los cuales ayudaban a guiar la nave, dejaron de funcionar.

La NASA estaba monitoreando la situación y contactaron a Cooper por radio en el momento en que los giroscopios fallaron. Cuando le preguntaron por su evaluación, Cooper tranquilamente dijo, quedándose corto de una forma extraordinaria: «Las cosas están comenzando a acumularse un poco». En esta veinteava órbita, el astronauta experimentó una falla total del sistema que lo dejó «en una nave a punto de expirar». Su única esperanza era emplear un sistema manual de dirección y guiar la nave de regreso a la tierra. Sin embargo, el sistema manual nunca había sido utilizado o incluso probado por nadie, y si no era manejado con precisión, la nave explotaría al reentrar a la atmósfera o chocaría en la superficie del planeta. No había ningún margen de error, en absoluto. Para complicar aún más las cosas, Cooper estaba mareado por los efectos del venenoso dióxido de carbono.

Cuando Cooper entraba en la atmósfera, perdió toda comunicación y tuvo que navegar, mientras luchaba con el intenso calor, así como el venenoso dióxido de carbono. Soportó esto por quince agonizantes minutos y luego, de forma manual, liberó los paracaídas, manteniendo el módulo en el único ángulo de curso posible para un aterrizaje exitoso. Guió la afectada nave a un aterrizaje perfecto en el océano a solo cuatro millas del portaaviones, el USS Kearsarge, enviado a rescatarlo. Había hecho lo que nadie antes o después había logrado: Había aterrizado, sano y salvo, en una nave espacial con los instrumentos muertos y sin potencia, y había vivido para volar de nuevo. Es obvio que ciertos factores fueron cruciales para la sobrevivencia de Cooper. Su entrenamiento, su confianza y su buen ánimo ante la presión—todos fueron elementos clave, pero un factor (sorpresivo) más nos da una pista de por qué él tuvo tan excelente actuación. Mantuvo un sentido del humor positivo a través de todo ese calvario. En un momento de tensión, cuando todos los sistemas fallaron, le dijo al control de misión que había perdido todos los sistemas críticos y luego agregó: «Fuera de eso, todo está bien». Es difícil de determinar en las grabaciones del vuelo, pero puede que haya estado, de hecho, riéndose con nerviosismo después de que habló.

No subestimes el poder del sentido del humor. Cuando Linda Henman entrevistó a 50 antiguos prisioneros de la guerra de Vietnam, encontró que la mayoría sobrevivió debido a dos cosas: su fe en Dios y un sentido del humor saludable. ¡Hacían bromas acerca de sus experiencias, mientras, de hecho, las estaban viviendo! John McCain todavía bromea acerca del accidente que lo lesionó y lo condujo a su captura. En una explicación de lo que ocurrió, comenta riendo: «Detuve un misil con mi nave».

Aprende a reír ante cualquier situación. Puede ser el impulso que necesitas para ganar. La Biblia dice en Proverbios 15.15: *«Para el afligido todos los días son malos; para el que es feliz siempre es día de fiesta.» (NBD)*

51 - Entusiasmo

Patrick Leigh Fermor fue descrito por la BBC como «una combinación entre Indiana Jones, James Bond y Graham Greene». Cuando estaba en sus 90 años, Anthony Lane, en una entrevista íntima en el *New Yorker*, escribió: «Si crees que puedes igualarlo ouzo por ouzo, en un callejón de Atenas, deberías pensarlo de nuevo». Suena como el personaje de ficción, quien en un actual comercial de TV le llaman: «El hombre más interesante del mundo». Pues, ¿quién es Patrick Leigh Fermor?

Se unió a la Guardia Irlandesa al principio de la Segunda Guerra Mundial y fue considerado tan excepcional, que fue seleccionado por el Ejecutivo de Operaciones Especiales (SOE), una unidad especial creada por Winston Churchill para «hacer la guerra por medios no convencionales». Fue un destacado lingüista, cuya fluidez en el griego moderno dio lugar a su asignación para dirigir la resistencia a los Nazis en la región egea. Vivió disfrazado como pastor de ovejas por 18 meses en Creta. Luego, sorprendió a los ocupantes alemanes al secuestrar al comandante alemán, escapando de sus perseguidores y entregando al comandante a las autoridades inglesas en Egipto. Recibió la Orden del Servicio Distinguido de la milicia británica por su hazaña y dejó el servicio (después de la guerra) como un héroe reconocido. Una película inglesa de 1957, *Ill Met by Moonlight*, (*Emboscada en la noche*) está basada en sus proezas.

Fue un intelectual genuino, así como físicamente un hombre audaz, y le encantaba ponerse a prueba con nuevas aventuras. Debido a su entrenamiento básico en los clásicos en la Escuela Kings de Canterbury, Inglaterra (de la cual fue expulsado por tomar la mano de una chica), desarrolló un interés en la escritura. Decidió que la mejor opción para sus habilidades e intereses era convertirse en un escritor de viajes. Esto le permitiría explorar lugares poco comunes y poco conocidos. Sus libros: *A Time of*

Gifts (Un momento de regalos) y *Between the Woods and the Water* (Entre el bosque y el agua)—basados en un recorrido de tres años a través de Europa durante los 1930—se convirtieron en dos de los mejores vendidos internacionalmente, y de acuerdo con el *New York Times*, fue confirmado como «el mejor escritor, con vida, de viajes». El historiador Robert Kaplan escribe que su escritura sobre viajes era especial porque tanto él como otros prominentes escritores de viajes de la misma era tenían una «ausencia de distracciones electrónicas [que] brindó a estos escritores el tiempo para leer y perfeccionar sus intelectos, al permitirles describir culturas y paisajes en un lenguaje ... exquisito».

Fermor estaba felizmente casado con Joan Monsell, una fotógrafa profesional. Vivieron en las islas griegas, dónde él recibió a gente famosa e interesante por más de 50 años. El historiador Max Hastings lo llama: «quizá el conversador más brillante de su tiempo». Joan falleció en 2003 y Patrick la siguió en 2011, a la edad de 96.

Richard Woodward del *New York Times* dice que Fermor siempre amaba su vida y continuamente aprovechaba la aventura. Woodward da una explicación para la asombrosa vida de este hombre: entusiasmo. Escribe que Fermor hizo todo con entusiasmo y brío. Su vida burbujeaba como una bebida carbonatada. Su entusiasmo por la vida, por la aventura, por el servicio y la gente animaba todo.

Dios te ha colocado aquí, en este momento, para un propósito. Siempre recuerda que tu búsqueda de ese propósito se hace mejor con un poco de brío. Para lo que sea que Dios te ha llamado a que hagas, hazlo con gozo y entusiasmo.

La Biblia dice en Nehemías 8.10: «*El gozo del Señor es tu fuerza.*» *(RVR1960)* Permite que comience el entusiasmo.

52 - Experiencia sensorial

La mayoría de los eruditos piensan que este invento se origina hace 3.000 años en Egipto; sin embargo, algunos historiadores creen que comenzó en China alrededor del 200 A.C. Cualquiera que sea el origen, todos los investigadores están de acuerdo en que los antiguos romanos perfeccionaron la tecnología.

Este invento fue la fuente principal de luz durante siglos. Uno de sus nombres proviene de la palabra en latín candela, la cual proviene de la palabra raíz *candere*, que significa «brillar». Se hicieron de productos animales, tales como cera de abejas o grasa animal, hasta que un grupo de científicos estadounidenses descubrieron un uso para un derivado del petróleo en los 1850. Estos investigadores desarrollaron una sustancia que llamaron parafina, la cual rápidamente reemplazó los recursos animales. La parafina funcionó bien, pero tenía un punto de fusión bajo. El problema se resolvió con la adición del ácido esteárico. Esta combinación creó las velas modernas. Se agregaron las esencias en 1990, y los vendedores rápido se dieron cuenta que la combinación de luces calientes y las fragancias atractivas crearon uno de los objetos decorativos más populares en el mundo. El desarrollo de las velas modernas había descubierto por accidente lo que muchos científicos ya habían aprendido: La gente se sentía poderosamente afectada por la experiencia sensorial.

El Doctor Harold Bloomfield escribe: «De acuerdo a los investigadores, el completo desarrollo de tus sentidos—y su continuo uso energético—puede ayudar a promover bienestar físico, emocional y mental a través de tu vida. En respuesta a la actividad sensorial elevada, las células nerviosas en la corteza del cerebro, aparentemente, crecen más y se hacen más resistentes a ciertos procesos de envejecimiento».

El Doctor Robert Ornstein y el Doctor David Sobel, en sus

reportajes en *Mental Medicine Update* (Actualización en la medicina mental) dicen que «en estudios hechos en trabajadores con actividades de escritorio, [acceso a] vistas naturales casi duplicaron los promedios de satisfacción. Los trabajadores con una vista a la naturaleza, se sintieron menos frustrados y más pacientes, encontraron sus trabajos más desafiantes e interesantes, expresaron un mayor entusiasmo por su trabajo y reportaron mayor satisfacción y salud en general.»

Además, los investigadores en la Universidad de Cincinnati encontraron que las fragancias en una habitación (tal como las que se encuentran en las velas) ayudan a la gente a mantenerse alerta y mejorar su desempeño. Dios te dio tus sentidos para experimentar el mundo. Ahora sabemos que el uso de esos sentidos puede mejorar tu bienestar mientras interactúas con el mundo.

Permíteme sugerir:

1. Experimenta con diferentes fragancias de velas, hasta que encuentres la que te haga más feliz y más alerta. Una de mis favoritas es la «Mackintosh Apple» de la compañía Yankee Candle. Encuentra la que funcione para ti.
2. Coloca escenas de belleza natural dónde puedas verlas mientras trabajas.
3. Detente a mirar al exterior varias veces al día. Si puedes, toma caminatas cortas en el exterior. Absorbe la naturaleza a través de tus sentidos para refrescar tu mente y emociones.

La Biblia dice en Génesis 2.8-9: «*Y Jehová Dios plantó un huerto en Edén, al oriente; y puso allí al hombre que había formado. Y Jehová Dios hizo nacer de la tierra todo árbol delicioso a la vista y bueno para comer.*» *(RVR1960)*

Usa tus sentidos. Son un regalo.

53 - El poder del oído

¿Qué es lo que tiene el peso combinado de una camioneta, una SUV, una furgoneta y un auto compacto? Si adivinaste que es un elefante africano de 14.000 libras (6.350 kg), estás en lo correcto. El elefante (tanto africano como asiático) es el animal terrestre más grande del mundo. Su cerebro, el cual pesa 12 libras (5,44 kg), está altamente desarrollado y se encuentra en la parte trasera de su enorme cabeza como protección para cuando el animal embiste un objeto.

El tronco del elefante, una extensión de su labio superior, tiene más de 10.000 músculos, pesa 300 libras (136 kg) y lo usa para una amplia variedad de tareas. Puede proyectar sonido (el famoso llamado de la trompeta), detectar numerosos olores, funcionar como una pala y jalar agua para depositarse en el hocico del elefante o como una regadera hacia el animal como un baño. También se usa para cargar objetos, recoger alimento y tumbar árboles pesados. Una vez observé a un elefante en los campos de África del Sur abrirse camino a través de un grupo de árboles al embestir y sostener árboles con su tronco. Era imparable.

Los elefantes tienen las orejas más grandes que ningún otro animal. Las usan como un ventilador para el elefante, un mecanismo para refrescarse, y son muy sensibles a los sonidos. Pueden detectar incluso señales de baja frecuencia debajo de lo que los seres humanos pueden recibir. Estas orejas son, frecuentemente, una primera línea de defensa.

Tus oídos humanos también son valiosos. El Doctor Alfred Tomatis escribió: «La importancia primordial de tu sentido del oído es para cargar tu sistema nervioso». Su proyecto de investigación de 50 años sobre la importancia del oído también encontró que lo que escuchas es una influencia poderosa, «para problemas relacionados al nivel de energía (tensión, fatiga) pérdida de entusiasmo y depresión».

El Doctor Robert Cooper dice que la música que escuchas es especialmente efectiva para moldear tu estado emocional y tu salud física. Escribe: «La música ... influencia tu frecuencia respiratoria, presión arterial, contracciones del estómago y el nivel de las hormonas de estrés en tu sangre y la investigación sugiere que puede que también fortalezca tu respuesta inmune.»

Deberías escuchar música que te conforte, te levante y te inspire. El compositor George Rochberg, incluso, dijo que la música «está íntimamente ligada a la lógica alfa del sistema nervioso central.... Escuchamos con nuestros cuerpos enteros.»

Permíteme sugerir:

1. Toma tiempo cada día para escuchar música que eleve tu espíritu.
2. Empieza tu día con música que te haga sentir grandioso.
3. Varía la música. El Doctor Cooper dice que: «Algunos científicos creen que después de 20 minutos más o menos, el sistema nervioso puede sentirse sensibilizado sobremanera a un tono específico y reaccionar con síntomas de angustia.»

La Biblia dice: «*Y cuando el espíritu malo de parte de Dios venía sobre Saúl, David tomaba el arpa y tocaba con su mano, y Saúl tenía alivio y estaba mejor.*» (1 Samuel 16.23 RVR1960)

54 - Ábrete a lo inesperado

En marzo de 1949, Jack Wrum, quien estaba desempleado en ese momento, caminaba por una playa cerca de San Francisco para sacudir su frustración, cuando vio una botella que se había lavado en la arena. Curioso, abrió la botella y su vida completa cambió.

En 1937, Daisy Singer Alexander estaba en Londres. Era una mujer excéntrica, quien —algunas veces— hacía cosas inesperadas. En un día particular, decidió reescribir su testamento. Cuando terminó, metió el documento en una botella, le puso un tapón y lo lanzó al Río Támesis. (Esta es la botella que Jack encontró doce años después).

Cuando Jack abrió la botella y leyó el contenido, se dio cuenta que había encontrado la última voluntad y testamento de una mujer desconocida. Cuanto intentó autentificar el documento, encontró que pertenecía a una heredera de la Compañía de máquinas de coser Singer y era totalmente legal. El testamento decía: «Para evitar cualquier confusión, dejo toda mi fortuna a la persona afortunada que encuentre esta botella y a mi abogado, Barry Cohen, por partes iguales». Estaba firmado por Daisy Alexander y con fecha del 20 de junio de 1937.

Daisy ya había muerto, por lo tanto, el testamento estaba en pleno efecto. Jack recibió $6 millones (del valor de 1949) inmediatamente, y luego un ingreso anual de $80.000. Estuvo agradecido de por vida por haberse detenido a recoger la botella.

¿Estás alerta ante lo inesperado? Algunas veces, algo inesperado llega y resulta que es exactamente lo que necesitas. Solo necesitas estar observando. Yo me encontraba en una cafetería vacía un sábado, cuando vi una joven que me cautivó. Esa mujer terminó siendo la elección de Dios como la persona que completaría mi vida. Amy llegó imprevista e inesperada, pero ha sido el gozo de mi corazón.

Permíteme sugerir:

1. Agudiza tus habilidades de observación. Pon atención a las pequeñas cosas.
2. Registra tus observaciones en una libreta o en un dispositivo electrónico.
3. Mantente abierto a las interrupciones. Pueden contener el mensaje oculto que estás buscando.

La Biblia dice en Eclesiastés 3.1: «*Todo tiene su tiempo y todo lo que se quiere debajo del cielo, tiene su hora.*» *(RVR1960)*

55 - La postura

Se creía que vivía en los pantanos cerca del Lago Lerna en la antigua Grecia. Por dos mil años, los residentes locales estaban convencidos de su existencia.

La gente que declaraba haberla visto, dijo que tenía un cuerpo corpulento, que estaba cubierta de escamas y tenía una cola larga de reptil con una curvatura hacia un punto. Algunos dijeron que tenía dos pies y otros que tenía cuatro; pero todos estaban de acuerdo, cualquiera que fuera el número, que los pies tenían garras afiladas y peligrosas. Algunos «testigos» dijeron que era del tamaño de un elefante bebé, mientras que otros juraban que era tan grande como un dragón. Los que casi fueron víctimas— aquéllos que lograron escapar de la bestia—declaraban que tenía colmillos largos y mortales y que su aliento era repugnante. Lo que fuera la variedad de descripciones, todos estaban de acuerdo de que la característica más impactante era que la criatura tenía múltiples cuellos largos, cada uno con una salvaje cabeza a punto de embestir. La gente en la antigüedad la llamaban la Hidra. Solo el legendario Hércules fue capaz de vencerla en combate directo.

Las historias de la Hidra son tan comunes que algunos científicos especulan que era una especie de dinosaurio desconocida que sobrevivió hasta la era del hombre, aunque no se han encontrado fósiles que remotamente tengan una semejanza a tal animal. La Hidra permanece como un misterio.

Lo que sea que creas acerca de la Hidra, las descripciones indican que la bestia tenía que mantener, con cuidado, su postura recta para soportar el peso de sus cuellos serpenteantes y cabezas grandes con bocas mordedoras. Si alguna vez fallaba en mantener su postura, podría perder control de su cuerpo y caer.

Tu postura es también importante. De acuerdo al doctor

Harold Bloomfield: «La mala postura distorsiona el alineamiento de los huesos y tensa de manera crónica los músculos, y las investigaciones reportan que también contribuye a condiciones tales como la pérdida de capacidad pulmonar (hasta como el 30% o más); incrementa la fatiga; reduce la corriente sanguínea y el oxígeno al cerebro y los sentidos; limita el rango de movimiento, causa rigidez en las coyunturas y síndromes de dolor… reduce la atención mental, velocidad de reacción… envejecimiento prematuro de los tejidos del cuerpo; digestión defectuosa y constipación; dolor de espalda (quizá el 80% de todos los casos); y una tendencia al cinismo, pesimismo, somnolencia y poca concentración» ¡Wow! Con razón que tu mamá siempre te ha dicho que te sientes derecho.

Aquí hay algunos consejos simples:

1. No te encorves. De acuerdo al doctor en medicina Thomas Hanna, el encorvarse no es inevitable y es «tanto prevenible como reversible». Encorvarse es un hábito y el no encorvarse también es un hábito.
2. Toma un momento antes de que te sientes para determinar la posición más cómoda y equilibrada. Recuerda que puedes usar un apoyabrazos para aliviar alrededor del 25 por ciento de tu peso.
3. Eleva el libro o la tableta hasta del nivel de tus ojos para evitar doblar tu cuello y bajar la cabeza mientras lees.
4. Toma un momento, varias veces al día, para «liberar la tensión» de todo tu cuerpo y relajarte a propósito.

La Biblia dice en Salmos 40.2: «*Y me hizo sacar del pozo de la desesperación, del lodo cenagoso. Puso mis pies sobre peña y enderezó mis pasos.*» *(RVR1960)*

Aunque esto tiene una aplicación espiritual principalmente, también es un buen consejo para la postura.

56 - Levántate

En 1832, viajaba en un vapor de ruedas, *Orleans*, por el río Mississippi.

Mientras caminaba por la cubierta, vio a un afligido joven a punto de lanzarse por la borda y se movió rápidamente para detenerlo. El joven estaba en la desesperación. Se encontraba en el buque de vapor con su nueva esposa y había experimentado un desastre. Un grupo de granjeros le habían confiado la cantidad de $60.000 (una enorme suma en ese tiempo). El propósito del dinero era para una inversión en sus negocios colectivos. El tonto novio había sido invitado a una mesa de juegos, organizada por tres notables jugadores y había perdido todo el dinero. El hombre que lo rescató le pidió conocer a la novia y dijo a la pareja que no se preocuparan; todo estaría bien.

El hombre localizó el juego en marcha y pidió unirse. Observó, cuidadosamente, cómo operaban los jugadores profesionales. Pronto, observó que el jugador principal usaba un truco para ganar la partida. De inmediato, se levantó, expuso al tramposo y exigió que devolviera el dinero. El jugador principal se levantó, con ira e indignación, y desafió al extraño a duelo. Los testigos dijeron que el extraño sonrió, mientras aceptaba el reto. El jugador ofendido preguntó el nombre del extraño y cuando respondió, los otros jugadores se pusieron pálidos y le rogaron a su amigo que se disculpara y se fuera. El jugador ofendido los rechazó y escaló hacia la cubierta superior para el duelo. Eligió las pistolas (de hecho, eran pistolas de cañón corto y calibre ancho) y esperó por la señal. Para este momento, se había reunido una gran multitud y todos estaban en suspenso del resultado.

El jugador deshonesto, sorpresivamente, disparó primero; pero aquéllos que observaban dijeron que el extraño disparó tan rápido que el jugador estuvo muerto antes de tocar el agua. El extraño recogió el dinero robado y lo devolvió a la pareja asombrada y agradecida. Más tarde expresó que sus persistentes expresiones de gratitud eran tan exuberantes que se sintió avergonzado y desembarcó en la siguiente parada.

El extraño, quien de una forma tan galante salvó a los recién casados, era Jim Bowie. Todavía es famoso por la invención de un cuchillo mortífero que lleva su nombre, el cuchillo Bowie. Bowie, con el tiempo, llegó a ser conocido a través de los territorios del oeste como «el Robin Hood del lejano oeste» por sus buenas obras y acciones honorables. El cuchillo se hizo famoso como la «espada corta estadounidense». Fue hecho por un herrero de Arkansas, John Smith, utilizando un proceso secreto (desconocido hasta hoy) que lo hizo inquebrantable, no plegable y filoso como cuchilla de afeitar. Bowie llevaba el cuchillo cuando tuvo el duelo con el jugador. No hay duda de que hubiera usado el cuchillo, si la pistola hubiera fallado (ya lo había hecho antes). El punto de esto es que Jim Bowie intervino cuando la joven pareja estuvo en necesidad. Fueron víctimas de un charlatán tramposo y Bowie decidió hacer algo al respecto. Decidió levantarse y convertir lo incorrecto en una acción de justicia.

Algunas veces, necesitas levantarte y pelear de forma abierta por lo que es correcto. El coraje de una persona puede dar un cambio de giro. Elige tus batallas cuidadosamente. No pelees solo porque no estés de acuerdo. Pelea cuando puedas hacer la diferencia para alguien que necesita tu apoyo y protección. Pelea por los principios de Dios y la moralidad bíblica. Algunas veces, la gente necesita un héroe.

La Biblia dice: «*Y pelearán contra ti, pero no te vencerán; porque yo estoy contigo, dice Jehová, para librarte.*» *(Jeremías 1.19 RVR1960)*

57 - Supéralo

En 1979, el Instituto Americano de Arquitectos sostenía su convención anual en Kansas City, Missouri. Habían elegido la ciudad de Kansas para que todos pudieran visitar el edificio que había ganado su propio premio en diseño como «uno de los mejores edificios de la nación». El edificio, mejor conocido como Kemper Arena, costó $12 millones de dólares y ya era famoso por su amplio techo sin apoyos, que fue considerado un diseño de ingenio e inspiración. La revista Architectural Record (Registro Arquitectónico) dijo que tenía «una masculinidad imponente». El primer día de la conferencia, los arquitectos invadieron el edificio para ver con sus propios ojos al ganador del premio. Mientras continuaban viendo la estructura el segundo día, el techo sorpresivamente se colapsó. Veintiséis arquitectos fueron hospitalizados.

El mismo año, en Grand Rapids, Michigan, la Compañía Allied Roofing and Siding estaba ocupada limpiando la nieve de los techos en toda la ciudad, cuando les notificaron que su propio techo había colapsado bajo el peso de la nieve.

En 1978, Ray Wright de Philadelphia estaba promoviendo su negocio de alarmas contra robo al colocar anuncios publicitarios en los parabrisas de los autos en un estacionamiento. Los anuncios decían: «Si no me viste poner esto en tu parabrisas, pude haber robado tu carro fácilmente». Mientras Wright pasaba esta información, alguien robó su auto.

En Jacksonville, Florida la Compañía Chevrolet Riverside utilizó una campaña con el eslogan: «¡Búscalo! ¡Algo GRANDE va a pasar!». Unas cuantas horas después del lanzamiento de la campaña, el techo colapsó en su propia sala de exhibiciones, aplastando seis nuevos modelos de autos.

En 1994, James Herriot, un escritor británico que se había hecho famoso por su creación *All Creatures Great and Small* (Todas las criaturas grandes y pequeñas) (un libro acerca de las costumbres apacibles de un veterinario de pueblo [que también inspiró una serie de televisión]), fue hospitalizado después de que lo atacara un rebaño de ovejas.

La lección aquí es simple: Todos cometemos errores: Cosas tontas pasan; es una parte común de la vida. No te estreses por tus errores y situaciones inesperadas. ¡Supéralo! La vida continúa.

Toma un momento para escribir dos experiencias cuando algo ocurrió que lo consideraste como un desastre en ese momento. Escribe lo que es tu vida en este momento. ¿Sobreviviste?

La Biblia dice en Filipenses 4.6-7: *«Para nada estéis afanosos, sino sean conocidas vuestras peticiones delante de Dios en toda oración y ruego, con acción de gracias. Y la paz de Dios, que sobrepasa todo entendimiento, guardará vuestros corazones y vuestros pensamientos en Cristo Jesús.» (RVR1960)*

Relájate.

58 - Sé paciente

En 1990, Doug y Brenda Cole fueron a una subasta en Nashville, Tennessee. Uno de los artículos era el contenido de un depósito abandonado. De acuerdo a las reglas, tenían que ofrecer sin el conocimiento de lo que contenía, si es que contenía algo. Ganaron con una oferta de $50.

El depósito había sido abandonado por un ingeniero de sonido y entre los artículos había varias cajas con cintas que había grabado entre 1953 y 1971. La pareja escuchó algunas de las grabaciones y las consideraron suficientemente interesantes para contactar a Columbia Records para ver si considerarían comprarlas. Columbia dijo No.

En 1992, decidieron intentar obtener lo que pudieran por las viejas grabaciones y finalmente se las vendieron a Clark Enslin, propietario de una discográfica pequeña en New Jersey, por la cantidad de $6.000,00.

Enslin decidió que tenía algo especial y contactó a Sun Records, la casa matriz de Columbia. Sun Records dijo que quería las grabaciones, pero acusó a Enslin por obtenerlos de forma ilegal y lo demandaron por el control del contenido de todas las cajas.

Después de una batalla legal de tres años, el juez decidió que Sun tenía derecho al 30 por ciento de las cintas porque contenían canciones grabadas por artistas que estuvieron bajo contrato en el momento de las grabaciones. A Enslin le concedieron el 70 por ciento restante.

¿Qué contenían las cajas que desataron tal guerra legal? En los contenedores, había más de 20.000 grabaciones inéditas de Bob Dylan, Elvis Presley, Johnny Cash, Roy Orbison, Louie Armstrong y Frank Sinatra. El valor del mercado por el 70 por ciento de Enslin era de $100 millones de dólares. No hay ningún registro de la respuesta de Doug y Brenda.

¿Necesitas esperar un poco más por tu resultado deseado? ¿Necesitas pelear un poco más? Sé paciente. Tu más grande victoria puede estar por llegar.

Toma un momento para escribir un sueño por el que has trabajado y que no se ha vuelto realidad. Responde estas tres preguntas:

1. ¿Todavía quieres este sueño?

2. ¿Has hecho todo lo posible para cumplir este sueño?

3. ¿Tu sueño complace a Dios?

Si respondiste si, entonces, puede que sea el momento para reenfocarte en tu sueño. Puede que todavía se haga realidad.

La Biblia dice en Jeremías 29.11: «*Porque yo sé los pensamientos que tengo acerca de vosotros, dice Jehová, pensamientos de paz y no de mal, para daros el fin que esperáis.*» *(RVR1960)*

59 - Suficientemente duro

Algunos expertos sostienen que los guerreros Gurjas podrían ser los mejores guerreros del mundo. Los Gurjas son soldados hindú pertenecientes a las profundidades del Himalaya en Nepal. Han servido como fuerzas especiales para el Ejército Británico desde 1816 y han ganado trece cruces de victoria (el honor militar más alto de Gran Bretaña). Estos soldados han servido en cada conflicto mayor que involucraba la milicia británica desde India hasta Irak. Llevan unos cuchillos curvos grandes llamados los cuchillos Gurjas y han sido tan fieros en combate en Afganistán que el Talibán está aterrado de ellos.

Uno de los más famosos guerreros Gurja fue Bhanbhagta Gurung. El 15 de marzo de 1945, Gurung dirigió a un escuadrón de rifle de 10 hombres hacia la base de una colina estratégica en una isla japonesa de la región del Pacífico. A medida que Gurung dirigía a sus hombres hacia adelante, fueron emboscados por un francotirador en un árbol. Cuando Gurung vio que dos de sus hombres cayeron, se volvió tan loco de furia que se paró a la vista (con balas zumbando a su alrededor), trazó una mira cuidadosa del tirador y lo derribó del árbol. Gurung después corrió colina arriba por 20 yardas (en el momento en que las ametralladoras trataban de derribarlo) y atacó a una fortificación concreta en la cima. Lanzó granadas de conmoción en un búnker, saltó dentro y mató a todos con una bayoneta. Atacó otro refugio y también asesinó a sus ocupantes.

Para este momento, había sido acorralado por el fuego de las metralletas desde otro sitio. Rápidamente se levantó, esquivó cada bala y corrió directo hacia el puesto de las armas. Se zambulló en este búnker y se dio cuenta que el interior era demasiado reducido para usar su rifle, por lo tanto, sacó su cuchillo Gurja y mató a todos dentro. Cuando terminó, la cima de la colina estaba en las manos Gurja y 66 soldados japoneses estaban muertos.

Cuando la guerra terminó, Gurung fue a casa con su (de acuerdo a las fuentes) muy atractiva esposa, crió a tres hijos y cuidó a su madre enferma. Murió en 2008, a la edad de 87 años.

Algunas veces, tienes que ser duro. Cuando la vida te golpea, regresas y lo intentas de nuevo. Te conviertes en una fuerza imparable.

¿Cómo logras esto? Comienza en tu mente. Los Estudios en la Escuela Médica Harvard han encontrado que la resistencia es la clave para una larga vida y buena salud. Otro término para esto es «resistencia mental».

Tu primer pensamiento cuando enfrentas la adversidad es crucial. Tu primer pensamiento ayuda a crear tu respuesta. Si te entrenas para pensar de inmediato: *Estoy bien. Puedo hacer esto. Dios me ayudará* (u otras declaraciones inspiradoras) vas a despertar tu valentía y fortificarás tu determinación. Siempre puedes pedirle a Dios que te dé fuerza y valor. Puedes ser lo suficientemente duro.

La Biblia dice que cuando David oyó acerca de Goliat, de 9 pies (2,75 m) de alto, le dijo al Rey Saúl: «*"No desmaye el corazón de ninguno a causa de él; tu siervo irá y peleará contra este filisteo"*. Añadió David: *"Jehová, que me ha librado de las garras del león y de las garras del oso, él también me librará de la mano de este filisteo"*.» *(1 Samuel 17.32, 37 RVR1960)*

¡Y ... Dios lo hizo!

60 - Evita el veneno

La cobra real es la serpiente venenosa más grande del mundo. Las toxinas que libera a través de su mordedura son lo suficientemente poderosas para matar a un elefante. La mayoría de las cobras reales en su plena madurez miden 14 pies (4,3 m) de largo; la más grande que se midió alguna vez era de 18 pies (5,5 m). Cuando es provocada, infla su capucha y se levanta recta de 5 a 6 pies (1,5 a 1,8 m). La taipán es una serpiente de 10 pies (3 m) de largo, con veneno suficiente para matar a 10.000 ratones. Es nativa de Australia, dónde los locales la llaman «la serpiente feroz». Sin embargo, es de hecho muy tímida y evita el contacto con humanos. Alguien mordido por una taipan morirá en minutos. La mamba es nativa de África y puede ser verde o negra. Crece hasta 14 pies (4,3 m), pero 10 pies (3 m) es lo más común. Vive entre rocas y pasto crecido, y es la más temida en todo el Continente Africano. La mamba es también la serpiente más rápida del mundo—alcanza velocidades de 15 millas (24 km) por hora. También es la única serpiente conocida por acosar humanos de forma activa. Dos gotas del veneno de una mamba negra pueden matar a un humano adulto en 10 minutos. Las mambas verdes son de 5 a 7 pies (1,5 a 2,1 m) de longitud, viven en árboles y son casi tan mortíferas como las mambas negras. La víbora mortífera más grande del mundo es la cascabel muda, que se encuentra, en su mayoría, en América Central. Es particularmente peligrosa porque ataca cuando tiene un enfrentamiento con un ser humano, en lugar de intentar escapar, tal como otras serpientes lo hacen. Tiene colmillos de una pulgada y lleva suficientes toxinas para matar, con suficiente carga para seguir matando. Roger Caras, un bien conocido experto en serpientes, enlistó a las 10 más mortíferas del mundo:

1. Cobra real
2. Taipán
3. Mamba
4. Cascabel muda
5. Cascabel diamantina del oeste

6. Terciopelo
7. Cascabel tropical
8. Serpiente tigre
9. Cobra común
10. Yararacusú

Probablemente nunca encontrarás a alguno de estos peligrosos reptiles, pero frecuentemente entras en contacto con otra criatura venenosa. Muchos de ustedes han experimentado el veneno de un individuo negativo: una serpiente humana que muerde con críticas y hiere con palabras dañinas. Anne Sexton, escritora y poetiza, dijo que lo que un ser humano nunca debería hacer es destrozar a otro ser humano. Nunca deberías enviar veneno hacia el corazón de alguien más.

Oswald Chambers era un devoto cristiano y maestro de la Biblia, quien era bien conocido como un hombre con una relación espiritual profunda con Jesucristo. Tenía una habilidad poco común para explicar los principios profundos. Después de que falleció en 1917 en Cairo, Egipto, mientras servía como capellán para la milicia británica, su esposa, Gertrude, comenzó a recopilar extractos de los muchos sermones y conferencias de Chambers. En 1924, los publicó bajo el nombre de *My Utmost for His Highest* (*En pos de lo supremo*). Esta colección de lecturas diarias es ahora la guía devocional más vendida en la historia. En una de estas lecturas, Chambers escribe que Dios no te permite ver los defectos en otra persona, para que puedas atacarla o criticarla; Él te permite ver los defectos para que puedas amar, ayudar y orar por esa persona. ¡Qué gran consejo! Intercambia el veneno por amor.

Haz tres cosas ahora:

1. Haz una lista de la gente por la que sientes animosidad y perdónalos.
2. Entrénate para hacer solo comentarios positivos acerca de otras personas.
3. Escribe el nombre de la persona con la que tienes disputas. Ora por ella y tu relación con ella todos los días.

Jesús dijo en Juan 13.35: «*Por esto, todos los hombres sabrán que ustedes son mis discípulos, si se aman unos a otros.*» *(RVR1960)*

61 - Invención

Mountain Dew fue inventado en los 1940 por Ally Hartman de Knoxville, Tennessee. Él intentaba usarlo como un remate para tomar después del whisky Tennessee. Mountain Dew, originalmente, tenía el aspecto y sabía cómo 7UP, pero se cambió la fórmula después de que Hartman la vendió en 1954. En 1961, William Jones compró el producto y decidió probar varias ideas relacionadas con el sabor. Por tres años, Jones experimentó con diferentes ingredientes, al agregar varios niveles de saborizantes cítricos y cafeína. Luego viajó a las escuelas secundarias y fábricas con las bebidas en pequeños vasitos con etiquetas A, B, C y D para preguntarle a la gente qué contenido le gustaba más. Utilizó esta información para equilibrar su fórmula, la cual, con el tiempo, se convirtió en el Mountain Dew que tenemos hoy día. Cuando Jones terminó este proceso, vendió la fórmula a la compañía Pepsi, quienes lo comercializaron y vendieron la bebida.

En 1933, W.G. Peacock lanzó la New England Products Company (Compañía de Productos de Nueva Inglaterra). El negocio se especializaba en espinacas, lechuga y otros jugos vegetales. La compañía anunciaba las bebidas extensamente, pero fallaron en encontrar un mercado; a la gente simplemente no les gustaban. Peacock rehusó admitir la derrota. Probó diferentes combinaciones de jugos vegetales por un año, hasta que llegó a una mezcla que pensó que sabía lo suficientemente buena para venderse. El producto contenía jugos de tomate, apio, zanahoria, espinaca, lechuga, berro, betabel y perejil. Lo llamó Vege-min. A los clientes les gustó la combinación de sabores y las ventas crecieron de forma continua. Peacock diseñó una etiqueta para la lata con una V larga y una lista de los ocho ingredientes. Dio una muestra gratis a un tendero en Evanston, Illinois y el tendero sugirió un cambio simple: Una V gigante y el número 8. A Peacock le gustó la idea y el jugo de vegetales V8 se puso en camino de la dieta estadounidense.

Roy Allen tuvo un negocio exitoso vendiendo y comprando propiedades de hoteles durante la prohibición. Un día, conoció a un hombre que operaba una fuente de sodas, quien le dio su fórmula para la zarzaparrilla. El hombre le dijo a Allen que, debido a la prohibición, podría hacer una fortuna al vender zarzaparrilla por cinco centavos. Allen decidió experimentar, por lo tanto, abrió un stand de zarzaparrilla en Lodi, California, en 1919. Diseñó el stand para verse como un salón del viejo oeste, con aserrín en el piso. El negocio fue tan exitoso, que abrió un segundo local en Stockton, California, con un empleado, Frank Wright, como socio. La bebida probó ser tan popular que los dos hombres dedicaron su tiempo a la expansión de su negocio de zarzaparrilla. En 1922, decidieron dar a la compañía y a la cerveza un nuevo nombre, y la llamaron la empresa A&W, basado en la inicial de los dos apellidos.

Nunca se sabe a dónde puede dirigir una idea. Permite que fluya tu creatividad. Sigue tus pensamientos de inventiva hacia su destino y ve lo que sucede. Permíteme sugerir:

1. Escribe tu idea creativa inmediatamente. La gente pierde las ideas continuamente al no registrarlas. Lo sé porque me ha ocurrido demasiadas veces.
2. Investiga las reglas para registrar invenciones y patentes, para que puedas estar listo en el caso de que una idea se desarrolle hacia algo real.
3. Sé paciente y trabaja tu idea. La mayoría de los buenos resultados vienen de la experimentación y del esfuerzo.
4. Recuerda: Una idea útil no tiene que ser por algo tangible. Quizá tu mejor idea será una nueva y mejor manera de hacer algo.
5. ¡Diviértete!

La Biblia dice en Eclesiastés 10.10: «*Si se embotare el hierro y su filo no fuere amolado, hay que añadir entonces más fuerza; pero la sabiduría es provechosa para dirigir.*» (RVR1960) Mantén tu «hacha» de la creatividad afilada y ve qué pasa.

62 - La llamada telefónica

El primer directorio telefónico fue publicado en 1878, dos años después de que Alexander Graham Bell introdujera el primer teléfono ya en funciones. Fue emitido por la Compañía Telephone Dispatch de Boston. Constaba de una larga página porque solo contenía a 97 bostonianos que tenían teléfono. No contenía números telefónicos porque el método de marcar no había sido inventado todavía. Hacías una llamada al levantar el auricular y girar una manivela que sonaba una campana para enviar una señal a una operadora. Cuando la operadora respondía (todas eran mujeres), le decías a quién querías llamar y ella completaba el proceso.

Los primeros directorios de negocios fueron impresos en papel blanco por la firma impresora de Chicago, R.R. Donnelley y contenían solo direcciones. Si un negocio tenía teléfono, la compañía impresora simplemente registraba ese hecho, sin mencionar un número. Bell Telephone (La compañía telefónica de Bell) emitió su primer directorio de negocios con números telefónicos en 1878. Era de una sola página y contenía solo siete categorías de negocios: Médicos, dentistas, tiendas, fábricas, mercados de carne y pescado, misceláneos, hack [caballos para rentar] y caballerizas de alquiler.

Los directorios de negocios se imprimieron en papel amarillo por primera vez en 1881. La Compañía de Teléfono y Telégrafo Wyoming contrató a un impresor en Cheyenne para hacer su directorio; el impresor no tuvo suficiente papel blanco para completar la orden, por lo tanto, utilizó el único otro color que tenía disponible: amarillo. La (nuevamente) sola página del directorio solo tenía 100 listados con los membretes locales como botes, joyería aborígen de América del Norte y compañías de agua de soda. Cuando los anunciantes descubrieron las posibilidades de los directorios, explotaron su valor y popularidad.

Todo esto ocurrió porque la gente deseaba establecer contacto de voz con otras personas. ¿Cuándo fue la última vez que llamaste a otro ser humano tan solo para charlar? No estoy hablando de correos electrónicos o textos, sino de una conversación verdadera. La mayoría de las personas solo hablan por teléfono con individuos anónimos en servicio al cliente cuando tratan de resolver un problema. El contacto telefónico puede estar convirtiéndose en un arte perdido.

Sospecho que las personas evitan la conexión por teléfono, ya sea porque están de prisa y consideran que una forma de comunicación electrónica es más rápida y conveniente (tú puedes controlar la duración del contacto por medio de la duración de tu mensaje) o no desean hablar directamente con la otra persona, debido a una posible confrontación negativa. En cualquiera de los casos, se puede perder una importante oportunidad para discusión.

Permíteme sugerir:

1. Haz una lista de 10 personas, cuya relación valoras. Toma dos días y llama a todos los diez. Diles que los estás llamando solo porque deseabas reafirmar la amistad. Asegúrate de preguntarles acerca de sus vidas; déjalos que lleven la mayor parte de la conversación.
2. Haz una lista de habilidades sociales específicas que puedan desarrollarse de una forma mejor con las conversaciones reales. Practica esas habilidades en tres conversaciones esta semana.

Incluso Dios responde a una llamada. La Biblia dice en Jeremías 33.3: «*Clama a mi, y yo te responderé y te enseñaré cosas grandes y ocultas que tú no conoces. Porque así lo ha dicho Jehová, Dios de Israel.*» (RVR1960)

63 - Observa los hechos

¿Has escuchado hablar del Bola de Nieve, el gato monstruoso? A principios del año 2000, la foto de un hombre con barba cargando a un gato circuló en el Internet. No había nada inusual en un hombre cargando a un gato, sino que el gato era enorme, del tamaño de un perro labrador. Para ponerlo de otra forma, el gato blanco gigante era de la mitad del largo del hombre que lo llevaba en brazos.

Los medios se interesaron y la historia del gato monstruo fue exhibida en NBC, The Tonight Show with Jay Leno (El Show, Esta Noche, con Jay Leno) y en el show Good Morning America (Buenos días, América) de ABC. Las historias en las noticias provocaron un incremento en la demanda para más información y varios reportes investigativos comenzaron a perseguir la historia. La información que se descubrió reveló que el gato de nombre Bola de Nieve, era de Rodger Degagne de Otawa, Canadá. De acuerdo a los reportes, Rodger había encontrado a una gata abandonada, caminando sola fuera de los terrenos de una instalación nuclear canadiense y la había llevado a casa. Esta gata, más tarde, dio a luz a sus gatitos, una de ellas era Snowball, quien creció rápidamente hasta que alcanzó unas asombrosas 87 libras (39,5 kg). Rodger y su familia estaban tan sorprendidos que tomaron la foto de Rodger cargando a la enorme gata y la pusieron en Internet. Rápidamente, la foto se hizo viral; captó la atención de las redes de televisión estadounidenses y fue mencionada en varias revistas y periódicos. El gato monstruo se había convertido en una celebridad sensacional.

El único problema era que la historia completa era una farsa. En mayo del 2001, Cordell Hauglie, de Edmonds, Washington, admitió que el verdadero nombre del gato era Jumper, una mascota que poseía su hija y pesaba unas 21 libras (9,5 kg) normales. Él había usado un software de manipulación de fotos (Rodger Degagne de Canadá no existía) para crear la foto de él cargando a Jumper y luego la había enviado a algunos amigos «como broma». Dijo que no se había dado cuenta de lo que había ocurrido hasta que vio las historias de «Bola de Nieve, el gato monstruo» en la televisión.

Este es un ejemplo del peligro de no verificar los hechos. Es notable que incluso periodistas experimentados y ejecutivos de televisión fueron engañados por una historia que ellos, aparentemente, deseaban creer. La credulidad es una epidemia en nuestra cultura. Vi una serie de recientes entrevistas de TV en la calle y oí a un reportero preguntar a una joven (graduada de la universidad) qué era lo que pensaba del vicepresidente Paul Ryan. Ella consideró la pregunta por un momento y dijo que pensaba que estaba haciendo un buen trabajo. Da miedo pensar que tenemos tal población de ciudadanos no informados. Son el tipo de personas que pueden ser manipuladas fácilmente.

Permíteme sugerir:

1. Verifica los hechos antes de que aceptes una historia o declaración que encuentres en los medios (TV, internet, periódicos y revistas).
2. Investiga la credibilidad de aquellos a quienes lees o escuchas. No le creas a alguien solo porque declara ser un experto o una celebridad.
3. Entiende tus propios prejuicios. Asegúrate de no aceptar una historia solo porque dice lo que tú quieres creer.

Puedes ser un líder más efectivo al enfocarte en la exactitud. Vas a destacar cuando desarrolles una reputación de saber los hechos. La Biblia dice: «*Hablad verdad, cada cual con su prójimo; juzgad según la verdad y lo conducente a la paz de vuestras puertas.*» *(Zacarías 8.16 RVR1960)*

64 - Sigue intentando

En el verano de 1904, los Juegos Olímpicos Internacionales fueron llevados a cabo en Saint Louis, Missouri. Fue la más extraña competencia olímpica de la historia.

Los modernos Juegos Olímpicos fueron reinventados en 1896, por lo tanto, esta olimpiada era solo la tercera desde el nuevo comienzo. Los organizadores no tenían la certeza de cómo traer los juegos al siglo 20, por lo tanto, decidieron experimentar con qué naciones invitar y qué deportes incluir.

Su primera mayor torpeza fue mover los juegos de Chicago a Saint Louis, lo que fue una mala decisión porque la Feria Mundial de Saint Louis ya estaba programada para el mismo tiempo. Debido a esto, las asistencias eran tan bajas que el desastre financiero era inevitable. Incluso Pierre de Coubertin, el fundador de las olimpiadas modernas, se rehusó a asistir.

Cuando el evento comenzó, el comité anunció que ciertas fechas durante la competencia fueron reservadas como «días antropológicos». En estas fechas, ciertas tribus «primitivas» que habían sido «especialmente seleccionadas» participarían en eventos que supuestamente eran «apropiados» para su nivel de desarrollo.

Uno de los más memorables enfrentamientos era entre «los pigmeos» y los «patagones». Los espectadores observaron cómo los miembros de ambas tribus competían en peleas en lodo, escalamiento del palo engrasado, lanzamiento de rocas y lanzamiento de jabalina. La asistencia fue poca.

Los juegos fueron tal fiasco que el comité decidió llevar a cabo los juegos solamente dos años más tarde, en Atenas, Grecia (el hogar de los juegos olímpicos originales), para intentar restaurar algo de dignidad y atraer más gente. Las olimpiadas del verano de 1904 son todavía famosas como el evento más loco.

El éxito espectacular y la popularidad enorme de los juegos olímpicos de hoy son prueba de lo que puede pasar si sigues intentando. Los organizadores de las olimpiadas aprendieron sus lecciones y siguieron adelante.

Michael Jordan, el más grande jugador de baloncesto de todos los tiempos, perdió sus primeros seis partidos de desempate, antes de ganar su primer campeonato. Babe Ruth fue ponchado 1.360 veces en el camino de convertirse en el más grande jugador de béisbol de todos los tiempos.

No te eches para atrás; no te des por vencido. Nunca dejes de intentar. Todos recuerdan a los que no renunciaron.

Escribe tu meta personal más importante. Renueva tu compromiso con esa meta y escribe una lista de las formas de lograrla.

La Biblia dice en Gálatas 6.9: «*No nos cansemos, pues, de hacer bien; porque a su tiempo segaremos, si no desmayamos.*» (RVR1960)

65 - Conquistando oportunidades

Me encontraba en Kiev, Ucrania como orador. Era una semana clara, fría y hermosa de noviembre. Había llegado temprano y me preparaba para dar un seminario de éxito a 3.000 personas en un centro de convenciones local que tendría lugar dos días más tarde.

El primer día, hice un tour por el centro de Kiev a pie y descubrí que es una ciudad encantada de caminar. Miles de personas, la mayoría de ellos más jóvenes que yo, llenaban cada calle y cada bulevar. Las temperaturas eran heladas, pero todo el mundo estaba radiante, feliz y complacidos de estar al aire libre. Cuando alguien se dio cuenta de que yo era estadounidense, me llovieron muestras de alegre afecto.

El siguiente día, hice una caminata a una iglesia antigua y apenas había rodeado la esquina cuando escuché una música suave e irresistible. Continué mi camino y repentinamente, encontré la fuente de la melodía. Un hombre mayor enorme, con un atuendo completo de cosaco, una larga barba blanca y cabello ondulado que caía sobre sus hombros estaba tocando un extraño instrumento parecido a una guitarra, y cantando una vieja canción popular ucraniana desde el fondo de su corazón. Fue un momento emotivo.

El viernes por la noche, di mi conferencia a un auditorio lleno de gente. Cuando terminé, dejé el estrado y fui detenido por uno de los planificadores de la convención, quien me preguntó si podía presentarme con un grupo que había llegado ese día. Dijo que estaban emocionados por lo que dije y deseaban conocerme.

El hombre, entonces, me presentó a cuatro hombres y dos mujeres. No hablaban inglés, por lo tanto, el planificador de la convención tradujo. El líder me dijo que eran de Siberia y habían conducido 48 horas a la convención, parando solo para usar las instalaciones del sanitario. Estaban radiantes de emoción.

Cuando les pregunté porqué habían sacrificado tanto para venir al evento, el líder sonrió y dijo que habían venido porque alguien les dijo que América estaría allí, y sabían que América era la puerta a su libertad.

Me sentí abrumado por su pasión y su compromiso. Me sentí humilde e inspirado por su ejemplo.

Dios nos ha dado a todos nosotros las oportunidades de libertad y éxito. Necesitas respetar esas oportunidades y pedirle a Dios por la pasión para perseguir Su sueño para ti. ¿Qué estás esperando? Conquista tus oportunidades mientras puedas. Encuentra tu pasión.

La Biblia dice en Colosenses 3:23: "*Y todo lo que hagáis, hacedlo de corazón, como para el Señor y no para los hombres.*» *(RVR)*

66 - Piensa primero

En 1974, la Comisión de Seguridad de Productos para el Consumidor ordenó 80.000 prendedores de solapa para una campaña nacional para advertir a los padres acerca de los posibles peligros de los juguetes de los niños. Los prendedores fueron impresos con las palabras: «Por la seguridad de los niños, piensa en la seguridad del juguete». La agencia de gobierno rápidamente retiró todos los 80.000 prendedores cuando descubrió problemas serios de seguridad. La agencia hizo un comunicado que decía que los prendedores ponían a los niños en riesgo porque tenían «bordes afilados, partes que un niño pudiera tragar y estaban pintados con pintura tóxica con plomo». ¡Ups!

El consejo de la ciudad de Winchester, Indiana, una vez pasó un estatuto prohibiendo la venta de pornografía entre los límites de la ciudad. Cuando el periódico local recibió una copia de la nueva ley, los editores vieron que estaba llena de tales ejemplos pornográficos tan gráficos que rehusaron imprimir el documento. Debido a que otra ordenanza local especificaba que ningún estatuto podría llegar a convertirse en ley, a menos que se publicara en el periódico local, la legislación antipornografía nunca se convirtió en ley, y la pornografía continuó estando disponible para cualquiera que quisiera comprarla.

El Departamento del Sheriff del Condado de San Diego decidió enseñar a la comunidad los peligros del uso privado de juegos artificiales. Un grupo de diputados y bomberos se reunieron en una instalación de eliminación de bombas fuera de la ciudad y detonaron miles de juegos artificiales ilegales. Los medios de noticias locales registraron el desastre cuando chispas salieron del edificio y encendieron un fuego de 10 acres que tomó 50 bomberos, dos helicópteros dispensadores de agua y un bulldozer para extinguirlo.

El 31 de diciembre de 1903, el Teatro Iroquois en Chicago abrió con amplia publicidad como el «primer teatro en el mundo a prueba de fuego». Un mes después, se quemó hasta los cimientos.

La noche del 20 de septiembre de 1996, el autor Bertil Torekull dio una conferencia para 300 personas en la biblioteca Stiftsoch Landsbibliotek en Estocolmo, Suecia. Justo después de que terminó su presentación acerca de quemar los libros, sonó la alarma de incendios. Todos fueron evacuados, pero la biblioteca fue completamente destruida por el fuego.

La próxima vez que hagas un plan, asegúrate de pensar bien primero. Examina las posibles consecuencias de lo que estás haciendo. Trata de anticipar diferentes resultados de lo que estás prosiguiendo. El tiempo extra que te tomes para planear cuidadosamente cada parte de tu plan, podría protegerte de consecuencias imprevistas.

Detente y escribe una breve descripción de algo que estés planeando actualmente. Fragmenta el plan en pequeños segmentos entendibles. Escribe lo que podría salir mal con cada segmento. Haz un nuevo plan que lidie con esas posibilidades. Piensa en formas de asegurar tu éxito.

La Biblia dice en Proverbios 20.25: «*Lazo es al hombre hacer apresuradamente voto de consagración y después de hacerlo, reflexionar.*» *(RVR1960)*

Piensa bien.

67 - Sé aventado

Provenía de una familia adinerada de California y su abuelo había sido el alcalde de Los Angeles.

Cuando tenía 26 años, compitió en las olimpiadas de verano en Estocolmo, Suecia, en puntería con una pistola. Perdió la medalla de oro por un tecnicismo. Desarrolló un interés por las espadas y eventualmente, se convirtió en uno de los esgrimistas más grandes de los Estados Unidos.

Batalló en la escuela y tuvo promedios tan bajos en matemáticas que tuvo que repetir su primer año en la universidad. Finalmente, se graduó con el número 43 de una clase de 103.

Sirvió en el ejército de los Estados Unidos en la Primera Guerra Mundial y fue gravemente herido cuando dirigía un ataque contra un nido de ametralladoras. Continuó peleando y dirigiendo a sus hombres por más de una hora, a pesar de sus heridas. Cuando alcanzó un alto rango en la Segunda Guerra Mundial, su comandante al principio se negó a nombrarlo como dirigente de un asalto mayor porque pensó que era «demasiado indisciplinado».

Era un hombre emotivo quien, una vez, dejó un escenario cuando se le pidió que se dirigiera a los soldados (los hombres que había comandado antes) en Fort Bragg, Carolina del Norte. Estaba abrumado cuando observó a los hombres que pronto pelearían y morirían y no pudo hablar debido a su gran amor y afecto por ellos. Cuando se dio cuenta que tenía que inspirar a los hombres al hablar públicamente, dedicó meses a practicar en frente de un espejo para poder motivar mejor a sus hombres.

Cuando finalmente logró el comando de un grupo del ejército, se dirigió a las tropas y les dijo: «Si no tienen éxito, no quiero verlos vivos. No veo para qué sirve sobrevivir a la derrota, y estoy seguro de que si todos ustedes entran en batalla con resolución igual, conquistaremos, viviremos muchos años y ganaremos más gloria». En cuanto a los soldados enemigos alemanes, sus hombres deberían «agarrar a esos pusilánimes de la nariz y patearlos en los @#%!@s» y «sacrificar a los repulsivos @@#$%#@%s en grandes cantidades».

El presidente Franklin Roosevelt escribió en su diario, después de su primera junta con el general, que él era «un deleite». Roosevelt, más tarde, declaró que, en ese hombre, había encontrado a un hombre que pelearía. Un historiador resumió la filosofía de guerra del general como simplemente atacar al enemigo «dónde sea y con lo que sea».

No es sorpresa que el alto comando alemán temiera a George Patton más que a ningún otro enemigo.

Algunas veces, necesitas ser agresivo. Algunas veces, tienes que forzarte para ganar. Algunas veces tienes que arrojar la precaución y aprovechar tu oportunidad.

Haz una lista de tus temores más dominantes que te hacen detenerte. Sé específico. Luego, escribe un párrafo de cada miedo, explicando por qué te detiene. Toma cada miedo y haz un plan para conquistarlo. Comienza, sé enérgico.

Dios dice en Josué 1.9: «*Mira que te mando que te esfuerces y seas valiente; no temas ni desmayes, porque Jehová, tu Dios, estará contigo en dondequiera que vayas.*» *(RVR1960)*

Si Dios te está guiando para hacer algo, no esperes. Se enérgico en tu respuesta.

68 - Enemigos innecesarios

James Gallo y Joe Conigliaro decidieron asesinar a Vinny Ensulo porque Vinny había dado información acerca de su crimen en grupo a la policía. Él fue, de acuerdo a la banda, un «soplón».

El 1ro de noviembre de 1973, Gallo y Conigliaro agarraron a Vinny en la Calle Columbia de Brooklyn, Nueva York y lo metieron a un auto. Los testigos dicen que se oyeron disparos y el auto viró violentamente y luego paró. Los dos delincuentes habían colocado a Vinny entre ellos y luego dispararon, fallando en darle a Vinny e hiriéndose el uno al otro. Conigliaro sobrevivió, pero fue golpeado en la espina y quedó paralizado. Vinny, quien escapó, envió baterías a Joe para la silla de ruedas en cada aniversario del tiroteo con una tarjeta que decía: «Sigue rodando, de tu mejor amigo, Vinny...».

La edición del 5 de junio de 1995, de la revista Forbes reportó una historia de una abogada de California, Theresa McConville, quien vendió un lote vacío que poseía en el Condado de Ventura. Tomó ofertas para comprar la propiedad, incluyendo una de un anestesiólogo local, Reynaldo Fong. Cuando Fong perdió la oferta, estaba tan furioso que juró venganza. Por los próximos diez años, tomó casi 10.000 suscripciones de revistas a nombre de McConville, dando su dirección para el cobro. También, una vez, hizo arreglos para que un refrigerador fuera entregado a la abogada (pago a la entrega). Costó a McConville miles de dólares salir de este desastre.

Un incidente extraño tuvo lugar cerca de Louisville, Kentucky. Un grupo de hombres regresaba de un viaje de caza cuando uno de ellos vio un conejo extender su pata de un saco llevado por uno de los compañeros, coger el mango de la escopeta en la mano del hombre, jalar el gatillo y dar un tiro al hombre en el pie.

Un buen amigo me dijo una vez que no me busque enemigos gratis. Nunca sabes lo que la persona puede hacer en represalia. Siempre calcula los posibles resultados cuando enfrentes un conflicto con alguien más. Ponlo de esta forma simple: ¿El conflicto vale la pena de los problemas potenciales?

La Biblia dice que «*Dios nos ha llamado para vivir en paz.*» *(1 Corintios 7.17 RVR1960)* Y Jesús nos dijo: «*Amad a vuestros enemigos, bendecid a los que os persiguen.*» *(Mateo 5.44 RVR1960)*

Siempre mantente vigilante del efecto boomerang cuando tengas la tentación de buscar venganza. El veneno que lances sobre alguien más, regresará a salpicarte.

1. Haz una lista de la gente que te ha hecho algún daño.
2. Ora por cada uno.
3. Libera tu amargura y perdónalos.
4. Disfruta de la libertad que sientes cuando sueltas a tus enemigos.

La Biblia dice en Colosenses 3.13: «*Soportándoos unos a otros, y perdonándoos unos a otros si alguno tuviere queja contra otro. De la manera que Cristo os perdonó, así también hacedlo vosotros.*» *(RVR1960)*

No necesitas más enemigos; necesitas más amigos.

69 - No dejes de creer

Nunca has escuchado una historia como esta de mi parte. La introducción común de mi contacto hacia ti es una historia poco común descubierta en mi investigación. Hoy es diferente, muy diferente. Voy a abrir una ventana privada y darte un vistazo hacia mi propia vida. Estoy tomando esta acción porque creo que alguien necesita este mensaje hoy.

Tres veces, he estado al final de todas mis posibilidades. Tres veces, he estado a punto del desastre cuando toda la esperanza parecía haberse esfumado, y tres veces algo inesperado me salvó. La primera vez ocurrió cuando Amy y yo habíamos regresado de dar una serie de conferencias. Llegamos a nuestro apartamento en Lexington, Kentucky, tarde y cansados. Nuestra pequeña compañía no lucrativa tenía menos de dos años y estábamos trabajando tiempo extra para edificar nuestro sueño de seminarios positivos y basados en principios cristianos, sobre el éxito. Dejé las maletas en el pasillo y recogí dos semanas de correo acumulado. Llevé el correo a la sala y comencé a revisar los sobres uno por uno. Me detuve cuando un sobre con tres letras en mayúscula capturó mi atención. Cuando lo abrí, me pregunté por qué el IRS me estaba enviando una carta. Fueron las peores noticias que hubiera imaginado. Me estaban notificando que la agencia no había recibido nuestros pagos trimestrales de empleados por casi un año y me demandaban el pago completo e inmediato, más penalidades e interés. Me dijeron que estaría enfrentando una acción legal seria, que podría incluir un cargo por una felonía. Estaba asombrado y dudoso. Había delegado todos mis asuntos financieros a un amigo que se había ofrecido a manejar todas nuestras cuentas. Cuando lo llamé, no respondió. Mi primera reacción fue decirle a Amy lo que había ocurrido y luego orar. Me sentí entumecido y vacío por dentro. Le pedí a Dios por su ayuda y que nos guiara, y nos fuimos a dormir. La siguiente mañana, descubrí que a todas nuestras cuentas les habían drenado el dinero.

Estábamos quebrados y sobregirados. Aun no lograba contactar a mi amigo que manejaba nuestras cuentas; había desaparecido. Durante todo el día, me tambaleé entre la fe y la desesperación. En un momento, me senté al final de la escalera y sostuve mi cabeza con las manos, sin poderme mover. Cuando pasó el pánico, Amy y yo oramos otra vez y le pedimos a Dios por un milagro. Esto ocurrió un lunes. La mañana del martes, desperté temprano y fui a la cocina a leer, orar y ponerme a la disposición de Dios. Le dije que Él era mi única esperanza y confiaría en que me rescataría. A las 10:00 a.m. me sentí sorpresivamente consciente de una voz en mi mente que decía: «Llama a Phyllis Ranier». Estaba perplejo. Phyllis era una amiga de la familia que vivía en la ciudad donde nací. No la había visto por varios años y ni siquiera la conocía bien. A las 11:00 a.m. llamé a su número. Respondió y me preguntó por qué había llamado. Mi control emocional colapsó y le conté toda la historia por teléfono. Ella escuchó y luego preguntó cuánto dinero necesitaba. Le di la suma exacta, incluyendo los últimos 32 centavos. Phyllis dijo que todo estaría bien porque ella tenía mi dinero. Le pedí que se explicara. Dijo que ella conservaba una cuenta especial, que usaba para dar obsequios a los ministerios cristianos. La cantidad en esa cuenta era precisamente lo que necesitábamos, incluso hasta los 32 centavos. Había planeado enviar el dinero a una organización particular, pero había sentido que Dios le estaba diciendo que esperara. Él le dijo que la persona a quien serviría ese dinero la llamaría el martes, por la mañana. Dios nos había dado un milagro maravilloso. Estábamos tan agradecidos de cómo Él había diseñado la perfecta respuesta, en el momento perfecto.

¿Has estado, alguna vez, en un momento oscuro y difícil cuando tus recursos fueron inadecuados para ayudarte? ¿Estás en esa situación ahora? ¿Porqué no le pides a Dios que te dé la respuesta que necesitas? No dejes de creer. La Biblia dice: «*Porque yo Jehová soy tu Dios, quien te sostiene de tu mano derecha y te dice: No temas, yo te ayudo.*» (Isaías 41.13 RVR1960)

70 - La sorpresa de la generosidad

El 14 de diciembre de 1996, los empleados de la Compañía Kingston Technology, Inc. recibieron un bono de Navidad inesperado. Las cantidades eran variadas, pero el regalo promedio era de $130.000 ($190.000 en el dinero de hoy).

Los fundadores y dueños de la compañía, John Tu y David Sun, ambos inmigrantes de Taiwán, siempre habían cuidado a sus empleados. En 1995, cuando Kingston pasó de $1 mil millones en ingreso anual, los dos hombres compraron anuncios en los periódicos a través de los Estados Unidos que decían: «mil millones de gracias» y listaron a cada empleado por su nombre.

En agosto de 1996, vendieron el 80 por ciento de Kingston a Softbank por $1.500 millones. Nadie hubiera cuestionado a los dos hombres si se hubieran retirado con sus ganancias, no obstante, ellos decidieron sorprender a sus antiguos empleados al darles $100 millones distribuidos en bonos navideños.

La generosidad de Tu y Sun es una inspiración, pero hay incluso un final más significativo de su historia. Tres años después de la venta, tuvieron la oportunidad de readquirir la compañía por solo $450 millones. Ahora contaban con las inmensas ganancias de la venta original y propiedad de la compañía de nuevo.

De 1999 a 2012, la compañía tuvo un incremento de empleados a 4.000. Los dos fundadores han continuado con su liderazgo generoso y compasivo, y todos han prosperado juntos. En 2011, la revista Forbes listó a Kingston como la segunda compañía más grande en equipos de alta tecnología de propiedad privada en los Estados Unidos, y como uno de los mejores lugares para trabajar en los Estados Unidos, lo cual no es sorprendente, considerando el compromiso caritativo de sus propietarios. Cuando Tu y Sun dieron su regalo inesperado y extraordinario a sus empleados en

1996, comenzó una reacción en cadena de recompensas. En tres años, su inversión en regalos había traído grandes dividendos.

Esta es la ley de Dios de dar y recibir. Dios siempre bendice la generosidad; siempre recompensa el dar. Esta es una ley que Dios ha incorporado en su universo.

Hace varios años, Amy y yo tuvimos una crisis financiera. En julio de ese año, teníamos $3.000 en el banco y ninguna manera de pagar múltiples cuentas. Estaba viendo una iglesia en línea cuando Dios movió mi corazón para dar al ministerio $1.000. Amy estuvo de acuerdo y transferimos el dinero. En el siguiente mes, la crisis empeoró. A mediados de agosto, estábamos quebrados. Decidimos confiar en Dios y creer que Él nos recompensaría por nuestro regalo. La siguiente semana, el dinero llegó hasta que habíamos recibido $30.000. Dios probó ser fiel. Nunca hemos olvidado esa lección.

Una vez me encontré con un consejero en inversiones de Filadelfia. Era un judío no practicante que profesaba ser ateo. Dijo que siempre aconsejaba a cada cliente que eligiera una iglesia u obra de caridad y les diera. Dijo que, a través de los años, había observado que aquéllos que dieron, siempre recibieron más. Admitió que no entendía por qué, pero los resultados eran obvios y consistentes.

Sé generoso. Puedes quedar sorprendido con los resultados.

Jesús dijo en Lucas 6.38: «*Dad y se os dará; medida buena, apretada, remecida y rebosando darán en vuestro regazo; porque con la misma medida con que medís, os volverán a medir.*» (RVR1960)

71 - El desafío del cambio

El 29 de marzo de 1848, un granjero local se sintió inquieto y decidió tomar un paseo. Dejó su casa un poco antes de la medianoche y siguió una ruta bien conocida. Después de que había caminado una corta distancia, repentinamente, oyó algo perturbador: silencio.

El granjero se apuró a llegar a casa y alertó a sus amigos y familia que lo impensable había ocurrido: Las poderosas Cataratas del Niágara se habían detenido. No había el rugido feroz de la cascada de agua, no torrentes de líquido; no había nada. Las cascadas estaban, virtualmente, muertas.

La siguiente mañana, las personas que siempre despertaban con el ensordecedor sonido de las cascadas, ahora despertaban al silencio. Se reunieron en grupos alrededor de la orilla del cañón para ver la señal inesperada de un río que (de la noche a la mañana) se había convertido en un chorrito. Los ciudadanos locales escalaron por el cauce del río vacío entre cientos de peces muertos y tortugas tambaleantes. La gente caminó por la superficie colectando recuerdos de armas, bayonetas y hachas de guerra que habían quedado expuestas con la ausencia del agua.

Cuando se esparcieron las noticias de la situación, miles llenaron las iglesias para orar. El pánico comenzó a extenderse y algunos temían el fin del mundo. Durante ese día y el siguiente, la gente ansiosa buscaba alguna noticia que explicara el fenómeno. La explicación llegó pronto.

Las noticias llegaron del pueblo cercano de Búfalo, Nueva York, de que una enorme tormenta había empujado bloques de hielo gigantes hacia la orilla nororiental del Lago Erie, donde habían bloqueado la entrada al Río Niágara. Esta monstruosa presa de hielo había detenido el río y también las cascadas.

Mientras la gente esperaba a que el hielo se moviera, multitudes exploraron el cauce del río y el propietario del barco de turismo, The Maid of the Mist (La doncella de la niebla), utilizó explosivos para remover varias rocas que siempre habían causado dificultad al bote.

No fluyó agua por 40 horas (del 30 de marzo hasta temprano en la mañana del día 31 de marzo). Después, aquéllos que aún se encontraban reunidos en el sitio oyeron un ruido sordo y pronto llegó una enorme muralla de agua espumosa derramándose en el cañón para restaurar las cascadas. El bloque de hielo se había roto y todo había vuelto a la normalidad.

¿Cómo manejas el cambio? El cambio es absolutamente cierto en la vida. Puedes pensar que siempre todo será lo mismo; pero el cambio ocurrirá de todas maneras. Por lo tanto, nuevamente, ¿cómo manejas el cambio? ¿Cómo te preparas para lo inesperado?

Permíteme sugerir:

1. Acepta los hechos. No pierdas el tiempo y la emoción al resistirte a la realidad.
2. Ten una actitud de aventura. Atrae lo positivo del cambio y haz que trabaje para ti. Diviértete con los cambios. Reconoce que el cambio es bueno.
3. Esfuérzate por prepararte para las diferentes posibilidades y luego no te preocupes; no te estreses sobre lo que no puedes controlar.
4. Confía en Dios. Él puede manejar cualquier cosa. Él sabe lo que viene y Él te ama. Puedes depender de él.

Recuerda lo que dice la Biblia en Malaquías 3.6: «*Porque yo, Jehová, no cambio.*» *(RVR1960)*

72 - Mejoramiento

George Beauchamp y Adolph Rickenbacker fueron los primeros.

Su invención amplificó el sonido de un dispositivo que ellos llamaron «lap Steel». Su propósito fue permitir al objeto producir un sonido que no pudiera ser dominado por sonidos de otros dispositivos en el área. Utilizaron imánes envueltos en bobinas estilizadas de cable y diseñaron la invención para que una persona pudiera sostenerla en su regazo para crear sonido al deslizar una barra de metal hacia arriba y hacia abajo en los cables magnetizados.

Guy Hart vio una demostración de uno de los dispositivos y decidió que podría mejorarla dramáticamente. Pidió a los ingenieros de su compañía que usaran la idea básica del magneto y desarrollaran algo más útil que la compañía pudiera vender. El equipo de ingenieros diseñó una hoja de acero plana que fue colocada verticalmente bajo los cables. Luego colocaron dos imanes pesados por debajo del ensamblaje y enroscaron el cable alrededor de la hoja en la parte superior de los imanes.

El nuevo diseño produjo un sonido superior, pero todavía necesitaba un empaque que atrajera al público, por lo tanto, los ingenieros diseñaron una consola alrededor de la caja de sonido. (Usaron una de las visiones más brillantes en la historia del mercadeo cuando decidieron abordar a un grupo de compradores de hombres jóvenes.) Eligieron hacer la caja como los contornos del cuerpo de una joven mujer—curvas redondeadas, hombros y una cintura pequeña. Agregaron un amplificador eléctrico y procedieron a hacer historia con la música.

La compañía patentó su producto como el único instrumento musical que tenía que conectarse (al amplificador) para hacer sonidos. La compañía llamó a su instrumento el E-150 y comenzaron a venderlo (en 1935) con el amplificador por $150 (unos $2.500 de hoy).

La guitarra eléctrica de la Compañía Gibson cambió el mundo del entretenimiento para siempre—todo porque un hombre decidió mejorar la idea de alguien más.

Recuerda esto: No tienes que tener lo mejor (o incluso la primera) idea para crear éxito. Algunas veces, solo necesitas mejorar lo que ya está allí.

Haz esto:

1. Haz una lista de dos cosas que pudieran hacer tu vida mejor si simplemente las mejoras.
2. Mejora a las dos y continúa haciendo listas hasta que hayas mejorado la estructura completa de tu vida.
3. ¡Diviértete!

La Biblia dice que «*Los pensamientos del diligente ciertamente tienden a la abundancia.*» *(Proverbios 21.5 RVR1960)*

73 - Espera un milagro

En 1967, un grupo de música llamado The Youngbloods lanzó su primer disco con la firma RCA, titulado «Grizzly Bear» (Oso Grizzly). Fue moderadamente exitoso, pero su siguiente lanzamiento fue un deprimente fracaso. Escaló al número 62 en las listas de Billboard y luego se marchitó en el olvido.

La canción era un llamado a toda la gente para amarse unos a otros y llevarse bien.

Dos años más tarde, La Conferencia Nacional de Cristianos y Judíos lanzó una campaña llamada La Semana Nacional de la Hermandad. El grupo organizó programas a través de numerosos medios incluyendo la televisión. Los paquetes de programación fueron enviados a estaciones de televisión y radio a través de los Estados Unidos e incluyeron una grabación de la fallida canción de los Youngbloods (sin su conocimiento).

La campaña recibió poca respuesta, pero la oscura canción se convirtió en una sensación. Las estaciones de radio recibieron un torrente de solicitudes por el número. Pronto la canción se convirtió en un éxito enorme, escaló hasta la lista de las diez mejores y vendió 2 millones de copias. La grabación fue titulada: Get Together (Pónganse de acuerdo) y el estribillo es reconocido todavía el día de hoy: «Vengan, gente. Sonríe a tu hermano/ Pónganse de acuerdo todos, traten de amarse unos a otros, ahora».

Otro milagro musical tuvo lugar en 1967, cuando Edwin Hawkins inició el Coro Juvenil del Norte del Estado de California, con 46 miembros. Necesitaba recaudar dinero para que el coro continuara, por lo tanto, seleccionó ocho cantantes y grabó un álbum en el sótano de una iglesia local. Estaban felices de que vendieron 600 copias.

El mismo año, un promotor de música de San Francisco encontró una copia del álbum en un almacén y se lo dio a un DJ local popular, Abe «Voco» Kesh, a quien le encantó y lo tocó lo suficiente para convertirlo en un éxito local. Luego, otras estaciones eligieron una de las canciones y comenzaron a expandir su tiempo de aire. De forma inesperada, la grabación rompió con todos los límites y se hizo viral. Se vendieron más de un millón de copias. La gente no conseguía suficientes copias de *Oh Happy Day* (Qué día tan feliz).

Aprende a confiar en Dios y esperar milagros. El tiempo de Dios puede que no sea tu tiempo, pero Él siempre cumple con sus propósitos y sus promesas. Cree que cada día podría ser el gran día en que se cumpla el milagro que podría cambiar tu vida.

La Biblia dice en Salmos 5.3: «*Oh, Jehová, de mañana oirás mi voz; de mañana me presentaré delante de ti y esperaré.*» *(RVR1960)*

Espera un milagro hoy.

74 - Aún no se termina

Las siguientes son reseñas que de veras fueron escritas por críticos de cine populares y respetados.

«Siento reportar que es solo otra película, tan completamente mezclada con agua para tener un contenido de terror de aproximadamente 0.0001 por ciento. La película ... pronto se torna en un tipo de ópera cómica, con una cadena de montañas de cartón sobre las que los extras, con disfraces de la Revolución Francesa, corren con antorchas encendidas». —*Revista Outlook & Review*

«La [película] es genuinamente una comedia cómica que triunfa, a pesar de un actor poco interesante y sin talento en el papel principal». —*Films in Review (Reseñas de películas)*

«Como película de suspenso, le falta lógica. Como película de policías, tira los procedimientos policiales estándar y con ello, cualquier esperanza de autenticidad, por la ventana. Como exhibición para las artes marciales, es una decepción ... y como aventura de acción, es un sinsentido pueril». —*Chicago Tribune (La Tribuna de Chicago)*

«Un guion demasiado grandioso, ejecutado con atrevida grandilocuencia.... En un punto determinado, puedo pasar por alto el huevo en la cara del tipo, pero por favor, no aguanto lo exagerado—especialmente, cuando están promoviendo este film abotargado y seudo-épico como un futuro ganador del Óscar de bajo presupuesto». —*Washington Star (La Estrella de Washington)*

«[El director] parece tener más interés en traumatizar a su audiencia ... al fotografiar [a su actriz protagónica] desnuda en varias etapas, en lugar de observar las reglas comunes de la

104 formas de energizar tus días

construcción de una buena película. Es como ponerse en el ojo del huracán como productor de películas». —*America Magazine (La Revista América)*

Las reseñas fueron comentarios de las siguientes películas (en orden): *Frankenstein,* Dustin Hoffman en *The Graduate* (El Graduado), *Lethal Weapon* (Arma Mortal), *Rocky,* y *Psycho* (Psicópata) de Alfred Hitchcock. Obviamente, estos críticos estaban equivocados.

Puedes aprender importantes lecciones de este recorrido en el mundo de las reseñas cinematográficas.

1. No tienes que absorber los comentarios negativos de tu persona o de tu actuar. Tus peores críticos pueden estar, incluso, equivocados y puede que, de hecho, tú tengas la razón.
2. Siempre debes aprender de tus críticos. Sé lo suficientemente inteligente para utilizar el comentario crítico para mejorar. (Puede haber algunos puntos válidos en la crítica que puedes usar en tu beneficio).
3. Debes tratar de no convertir al crítico en un enemigo. Muestra amabilidad y perdón.
4. Puedes pedirle a Dios que te guíe—luego escucha, cuando Él responda. Él no es tu crítico; es tu Padre que te ama.

La Biblia dice en Santiago 1.5: «*Y si alguno de vosotros tiene falta de sabiduría, pídala a Dios, el cual da a todos abundantemente y sin reproche, y les será dada.*» *(RVR1960)*

Recuerda que cuando encuentres crítica, es solo el principio.

75 - Estírate

Fred Astaire vivió hasta los 88 años. Bailaba profesionalmente hasta la edad de 70 y continuó estando en un estado físico excelente hasta sus 80 y tantos. Tenía una estatura de 5 pies y 9 pulgadas (1,75 m) y nunca pesó más de 136 libras (61,7 kg), lo que él creía que era su peso ideal para bailar.

Cuando le preguntaron por el secreto de su buena salud a medida que envejecía, dijo que atribuía gran parte de su buen estado físico a que se estiraba todos los días.

Bob Hope vivió hasta los 100 años y también fue conocido por su vigor y salud robusta cuando envejeció. Su carrera empezó en Vaudeville; actuó, cantó y bailó hasta convertirse en una estrella. En el pináculo de su carrera, era el número uno en ventas de taquilla. Cuando le preguntaron el secreto de su buena salud a medida que envejecía, dijo que mucho de su acondicionamiento físico lo atribuía a que se estiraba todos los días.

George Burns remató una carrera exitosa como cómico de radio con una igualmente exitosa carrera como actor de películas. Era uno de los artistas más populares en los Estados Unidos y vivió hasta los 100 años. También fue conocido por su excelente salud a medida que envejecía. Cuando le preguntaron el secreto de su buena salud mientras envejecía, también dijo que atribuía gran parte de su acondicionamiento físico a que se estiraba todos los días.

Un estudio publicado en los 1990 dijo que las mujeres que habían perseguido una carrera en el baile eran tan flexibles y saludables en sus 80 y tantos como las mujeres de 30 y tantos. Los investigadores concluyeron que una de las razones clave de su buena salud, a medida que envejecían, era el estiramiento diario.

El Doctor Robert Cooper, investigador de salud, escribe: «Podrías verte y sentirte varias décadas más joven que tu edad actual, al tomar unos minutos a la semana mejorando algunas habilidades menospreciadas de flexibilidad, agilidad, equilibrio y coordinación. ¿Cómo? Al desarrollar tu mente, tus sentidos y tus músculos progresivamente en algunas nuevas maneras, con estiramientos de cinco minutos».

Parece haber una importante lección aquí: Aprende a estirarte para encaminarte hacia el mejoramiento. Encuentra un programa de estiramiento que funcione para ti y empieza.

La Biblia dice: «*Escucha el consejo y recibe la corrección para que seas sabio en tu vejez*». *(Proverbios 19.20 RVR1960)*

76 - Bosteza

Tu gato duerme un promedio de 15 horas al día y frecuentemente, duerme 20 horas en un periodo de 24. Tu perro duerme un promedio de 13 horas al día, pero despierta varias veces durante el sueño y generalmente, no tiene un sueño tan profundo como el tuyo o el de tu gato.

Entonces, ¿cuánto sueño necesitas?

La edición de diciembre de 2014 de AARP The Magazine (Revista AARP) trata de numerosos factores de salud y dice que nuevas investigaciones indican que entre 8 y 9 horas de sueño para los humanos es incluso más importante que lo que anteriormente se pensó. El artículo principal declara que estudios recientes confirman que el cerebro «se reinicia» solo durante el sueño y se limpia de toxinas en sus células. Estas toxinas solo se limpian durante el sueño prolongado de más de ocho horas. Un resultado sorprendente de una investigación encuentra que una persona debe dormir más de ocho horas para experimentar ciclos de sueño adecuados. Los estudios de la función del cerebro en pacientes de Alzheimer encuentran que los individuos con la enfermedad ya no sueñan. Un elemento emocionante del estudio es que se ha descubierto un nuevo químico cerebral que produce el cerebro durante largos periodos de sueño, que induce, de hecho, a soñar. Se piensa que el químico es posiblemente una protección contra el desarrollo del Alzheimer.

El doctor en filosofía Michael J Breus y el doctor en medicina Stuart J. Meyers nos ofrecen una lista de los resultados de la privación del sueño.

1. Cuando reduces tus horas de sueño en tan poco como una hora y media por solo una noche, tu desempeño y estado de alerta bajan 32% al siguiente día.

2. Menos de ocho horas de sueño perjudican la memoria e interfieren con la función cognitiva.
3. Más mal humor es el resultado de la falta de sueño.
4. La falta de sueño duplica tu posibilidad de accidentes en el trabajo.
5. La Administración Nacional de Seguridad de Tránsito en la Carretera dice que «el manejo somnoliento» es responsable por 100.000 colisiones de autos, 71.000 lesiones y 1.550 muertes de tránsito cada año.

Quizá sea el momento de tener una buena noche de sueño.

Con razón la Biblia dice en Salmos 127.2: «*Pues que a su amado dará Dios el sueño*». *(RVR1960)*

77 - Manténte calmado

Tenemos una amiga que es generosa, bondadosa y apoyadora. Es todo lo que uno podría desear de una amiga. Siempre viene cuando la necesitamos pero recientemente ella necesitaba de nosotros.

Ayudaba yo a Amy a limpiar después de la cena cuando nuestro hijo Jonathan entró a la cocina y dijo que nuestra amiga había sufrido un accidente automobilístico. Jonathan y yo nos apuramos al lugar del accidente y vimos a dos autos dañados, dos autos de la policía y gente numerosa parada en la calle en frente de un restaurante Wendy's.

Estacionamos y encontramos a nuestra amiga—estaba llorando. Me di cuenta que nadie estaba herido y tomé a mi amiga a un lado. Me explicó lo que había sucedido y luego me sorprendió en decirme que nunca había estado en un accidente. Ella había vivido mas de cincuenta años y nunca había experimentado un accidente. Su inexperiencia la dejó traumada. No sabía qué esperar. Su inexperiencia alimentó su temor.

Jonathan y yo la consolamos y la fortalecimos. Oramos a Dios que la llenara de paz. Cuando aún se sentía incierta en cuanto a las posibles repercusiones de su accidente, le conté de mi propia historia de accidentes. Le conté de cómo había chocado con cuatro venados y había estado involucrado en varios otros accidentes (algunos de ellos por culpa mía) y había sobrevivido felizmente a todos.

Añadí que su choque era insignificante y que pronto sería olvidado. Ella tenía seguro, un carro que se podía reparar, sin daños personales, (ni tampoco la otra parte) y un Padre Celestial Amoroso comprometido a su bienestar. No tenía ella nada de qué preocuparse.

Vi una vez una pintura al óleo dramática en un museo. Un grupo de agricultores rudos estaban parados en un porche mirando fijamente hacia una tormenta que se armaba a la distancia. La tormenta se acercaba con amenaza de ser un tornado. Las esposas observaban a los hombres para medir su reacción al peligro. En los rostros de los hombres no se registraba temor sino determinación. Estaban calmados. Habían sobrevivido demasiadas tormentas para sentir pánico en este momento.

Manténte calmado cuando enfrentas una tormenta violenta. Recuerda que tú y otros han atravesado situaciones similares antes y siguen parados. Dios nunca te ha abandonado.

Estudios realizados de sobrevivientes de desastres naturales comprueban que pudieron superar la crisis debido a que no entraron en pánico. Mantuvieron la calma y navegaron a través de la tormenta. Pensaron con claridad. Alcanzaron llegar a casa.

Cuando una situación te ataca, siempre recuerda todas las veces que saliste como vencedor. Mantén una actitud optimista, positiva y motivada por fe.

Manténte calmado, respira profundo, confía en Dios y muévete hacia adelante. No estás derrotado. Dios conoce el camino.

La Biblia dice en 2 Crónicas 20.17, «*Tomen posiciones, esténse quietos y verán cómo el Señor los librará.*» *(DHH)*

78 - Haz lo necesario

Bertie, el hijo del propietario de una taberna, creció en las tierras altas de Escocia. Desarrolló un fiero deseo de triunfar, por lo tanto, trabajó en todo lo que pudiera ganar dinero. Pastoreó ganado cuando niño, limpió calzado en las esquinas de las calles locales y trabajó como jornalero, en la cosecha de los cultivos.

Tuvo poca educación, por lo que aprendió solo taquigrafía a los 13 años de edad para mejorar sus posibilidades de empleo. Entró a la universidad de Dundee cuando era adolescente y estudió para obtener un grado. Trabajó como reportero de periódico de 1897 a 1901. Durante ese tiempo, decidió mudarse a Johannesburgo, África del Sur, porque creía que esa ciudad le traería más grandes oportunidades. No ganaba suficiente dinero como reportero para costear la mudanza, por lo tanto, tomó un trabajo extra limpiando baños, por dos años. Más adelante en su vida, le preguntaron si se había sentido humillado al ser un graduado de la universidad (cuando incluso poca gente asistía a la universidad) y trabajar como reportero que tenía que limpiar baños. Bertie contestó que, al principio, odiaba el trabajo servil, pero sabía que era necesario para alcanzar su meta. Con el tiempo, aprendió a estar agradecido con la oportunidad de limpiar baños porque eso lo acercó a su sueño.

Bertie se mudó a África del Sur, donde nuevamente se convirtió en reportero. Ahorró su dinero y de nueva cuenta, tomó cualquier trabajo disponible para poder emigrar a los Estados Unidos. Llegó a la Ciudad de Nueva York en 1904 y encontró un trabajo en un periódico local.

Bertie continuó trabajando y ahorrando hasta que su sueño se convirtió en una realidad en 1917, cuando fundó su propia revista acerca de negocios. Decidió nombrarla con su nombre. Utilizó su apellido y la llamó Forbes Magazine (Revista Forbes).

104 formas de energizar tus días

El imperio basado en esa revista está ahora valuado en miles de millones. Fue una buena cosa que B.C. Forbes haya tenido la voluntad de limpiar baños. Fueron la piedra angular para su éxito.

¿Tienes la voluntad de hacer lo que sea con tal de lograr tu meta? Forbes limpió baños sin queja porque eso lo acercó a la realidad de sus deseos. ¿Qué estás dispuesto a hacer? ¿Vale la pena tu sueño?

La Biblia dice en Proverbios 13.19 que «*El deseo cumplido regocija el alma.*» *(RVR1960)*

79 - La zona sin quejas

Algunas veces, una historia que es perturbadora y difícil de soportar contiene una lección tan inspiradora que necesita contarse. Estás a punto de leer ese tipo de historia.

Christy Brown nació con parálisis cerebral congénita que resultó ser una parálisis total. Nació en 1932, en el punto álgido de la Gran Depresión. Christy era el hijo de un albañil irlandés y uno de 22 hijos. Era considerado mentalmente deficiente y virtualmente no se le dio ningún entrenamiento y ninguna educación; no obstante, cuando tenía 5 años, recogió un pedazo de gis con su pie e intentó escribir la letra A en el piso.

La madre de Christy quedó tan impresionada por su esfuerzo que le enseñó a leer y a escribir. Un doctor local, Bob Collis, quién resulta que era un experto en parálisis cerebral, se prestó voluntariamente a ayudar al chico. A través de un proceso de intensos programas, Christy aprendió lenguaje y desarrolló la habilidad de mecanografiar con un solo dedo del pie.

Christy Brown, con el tiempo, se casó y se convirtió en autor de libros. Su autobiografía, My Left Foot (Mi pie izquierdo) tomó 10 años para completarse y fue publicada en 1954. El libro se convirtió en uno de los mejores vendidos y condujo a una novela publicada en 1970. La autobiografía se convirtió en un filme ganador del Oscar en 1987 con Daniel Day-Lewis como Christy. En su autobiografía, Brown escribió: «Mi educación fue prácticamente nula. La primera y poca educación que alguna vez tuve, fue aprender el alfabeto con mamá a la edad de cinco años. ¡He andado desde ese momento como he podido yo solo, enseñándome a leer libros—la mayoría de Dickens!—para aprender todo lo que podía de ellos».

Después de que Brown se estableció como un poeta y artista

conocido internacionalmente, el Dr. Collis, su terapista original, dijo de él que era «prueba de un poder asombroso ... para superar lo imposible». La próxima vez que te veas tentado a gemir y quejarte acerca de tus dificultades, recuerda a Christy Brown y declara tu vida una zona sin quejas. Levántate, dale gracias a Dios por las oportunidades y sigue adelante. ¡Puedes hacer lo que necesitas hacer!

La Biblia dice en Filipenses 4.13: «*Todo lo puedo en Cristo que me fortalece*». *(RVR1960)*

80 - Lee las señales

¿Alguna vez has sido acosado por un cuervo?

John M Marzluff, un biólogo de la vida silvestre de la Universidad de Washington, condujo un estudio fascinante de cuervos y reconocimiento facial. Marzluff marcó a siete cuervos con etiquetas especiales, luego se puso una máscara y atacó a los cuervos. Por los próximos dos años, en cualquier momento que se aproximara a los cuervos usando la misma máscara, se volvían locos y se lanzaban en picada en contra del profesor. Si se quitaba la máscara, los cuervos lo ignoraban. Recuerda que esto estuvo ocurriendo por dos años, pero el descubrimiento más asombroso fue que las crías de los cuervos también atacaban la máscara, aunque nunca la habían visto (no habían incubado todavía cuando el experimento comenzó).

Marzluff también descubrió que los cuervos tienen poderes asombrosos de observación. Pueden memorizar los tiempos de recolección de basura dentro de un radio de varias cuadras y nunca se equivocan. Pueden aprender la secuencia exacta de los semáforos y usar las señales para colocar nueces (que quieren resquebrajadas) bajo los neumáticos de los carros. Otra vez, nunca se equivocan.

Si un cuervo puede aprender las señales correctas, entonces, ¿qué crees que un ser humano pueda aprender al observar, con cuidado, a otras personas?

Permíteme darte un ejemplo: Los científicos han descubierto que cómo se siente algo, tiene un efecto dramático. De acuerdo a *The De-Textbook: The Stuff You Didn't Know about the Stuff you Thought you Knew* (*El no libro de texto: lo que no sabías acerca de las cosas que creías que sabías*) (Editado por Jack O'Brien) los hombres son más serios acerca de las decisiones, cuando sostienen un objeto pesado. En un estudio, los investigadores encontraron que cuando los hombres levantaron algo pesado, era más probable que donaran a una caridad o fueran generosos hacia alguien. Los hombres que levantaron objetos más livianos, eran menos proclives a dar cuando se les pedía. Los investigadores también observaron que si una persona (hombre o mujer) tocaba algo con una superficie áspera, de inmediato vería las situaciones de una forma negativa. Sorpresivamente, el estudio también encontró que una persona que se sentaba en una silla dura durante una negociación era más difícil de tratar, mientras que una persona que se sentaba en una silla suave, era más conciliadora y más fácil de tratar.

Estas son señales que pueden alertarte de lo que es probable que la otra persona haga.

Aprende a leer las señales a tu alrededor. Esta es una habilidad que puede mejorar tus oportunidades de éxito.

Eres una persona compleja y fascinante. No es sorprendente que la Biblia diga: «¡*Te alabo porque soy una creación admirable!*» *(Salmos 139.14 NVI)*

¿Puedes pensar en un momento en que malinterpretaste a una persona? ¿Hubiera sido diferente si hubieras tenido la habilidad de entender mejor a esa persona?

81 - Duerme bien

Henry Temple fue elegido para el Parlamento Británico cuando apenas tenía 26. Provenía de una familia aristocrática y era inicialmente famoso, no por la política, sino por su estilo de vestir a la moda.

Por los próximos treinta años, Temple ascendió en su camino a través de los rangos del sistema británico, hasta que fue nombrado Secretario del Exterior (equivalente al secretario de estado de los Estados Unidos). Su ambición era convertirse en primer ministro, pero parecía quedarse atrapado en una posición del gabinete.

Todo cambió para Temple cuando estalló un incidente en Grecia en 1850. Un ciudadano británico fue ilegalmente detenido por el gobierno griego. Cuando Temple confirmó el reporte, voló hacia la acción. Asombró a toda Europa cuando movilizó a toda la Marina Real y la envió a Atenas para liberar a ese solo ciudadano británico. La Marina Real, bajo órdenes directas de Temple, confrontó al gobierno griego. Debido a la abrumadora fuerza militar sobre ellos, los griegos capitularon y liberaron al sujeto británico.

La controversia no se hizo esperar; a Temple se le amenazó con la pérdida de su posición, pero el público británico se levantó y lo salvó. Rápidamente, se convirtió en el líder más popular en el país. Cuando lo desafiaron a defender su posición, Temple se rehusó a disculparse y declaró que él deseaba que el mundo supiera que protegería a cada ciudadano británico, sin importar su ubicación.

Años más tarde, ahora como el tercer Visconde de Palmerston, Temple finalmente llegó a ser primer ministro a la edad de 71 años (el primer ministro más viejo al acceder en la historia británica).

Debido a su brillantez natural y profunda experiencia, la nación esperaba una administración excepcional, pero Palmerston falló en brindarla y duró apenas un año en el cargo. ¿Qué paso? La respuesta puede sorprenderte.

A.N. Wilson, uno de los historiadores más respetados en la Inglaterra moderna, dice que un factor personal arruinó el liderazgo de este hombre extraordinario: No dormía lo suficiente. Sus amigos y seguidores notaban su creciente fatiga y le pedían que aumentara sus horas de sueño. Incluso la Reina Victoria le advirtió que descansara más. Palmerston deseaba tanto lograr su meta de ser un gran primer ministro que calculó mal su necesidad de sueño y pagó el precio con un desempeño inferior.

¿Qué hay de ti? La Fundación Nacional del Sueño, después de dos años de un estudio internacional, confirmó que necesitamos entre 8 a 9 horas de sueño CADA noche. La Fundación dice que esto es esencial para lo que llama: «salud del sueño». El estudio menciona tres cosas que te ayudan a dormir:

1. Limita la cafeína (café, té, bebidas azucaradas y bebidas energéticas) durante el día y no cafeína durante la noche.
2. Trata de no lidiar con nada agitado o molesto después de las 8 de la noche.
3. Ve a la cama al mismo tiempo, cada noche.

Asegúrate de dormir lo suficiente para dar poder a tu vida. ¡Esto es importante!

La Biblia dice: «*Porque a su amado dará Dios el sueño.*» *(Salmos 127.2 RVR1960)*

82 - Claridad mental

Los siguientes son hechos que sólo han ocurrido una vez:

- En agosto de 1964, los Beatles sostuvieron el primer puesto tanto en sencillos como en álbumes, los dos en los Estados Unidos y el Reino Unido al mismo tiempo. Su solo «A Hard Day's Night» (La noche de un día difícil) fue el número uno de los sencillos y el álbum «A Hard Day's Night» fue el número uno de los álbumes.

- Un equipo de la NFL jugó contra un equipo de la CFL (Liga de Fútbol Canadiense). El 8 de agosto de 1961, los Buffalo Bills perdieron con los Tiger-Cats de Hamilton (Ontario).

- Una enfermedad mayor fue eliminada. En 1980, la Organización Mundial de la Salud anunció que la viruela había sido eliminada de forma global.

- La Cámara de los Representantes de los Estados Unidos se canceló a sí misma. Aunque el mal clima ha cerrado la Cámara varias veces, solo una vez votaron para cerrarla ellos mismos. Ocurrió el 24 de octubre de 1877, para que los miembros pudieran asistir a una carrera de caballos de campeonato, en el Campo de Carreras Pimlico.

- El gobierno de los Estados Unidos estuvo totalmente libre de deuda una vez. Por varios meses en 1835, durante la administración de Andrew Jackson, todas las deudas se pagaron y no se debía dinero.

Nueva investigación indica que tu cerebro funciona mejor cuando te concentras en solo una cosa al mismo tiempo.

El Doctor Daniel Levitin, profesor de psicología y neurociencia del comportamiento en la Universidad McGill, cita investigación que muestra que al cerebro humano no le gustan las tareas múltiples. El Doctor Levitin declara que empiezas a perder claridad mental y retención de memoria cuando tratas de hacer dos o más cosas a la vez. Él piensa que la sobrecarga mental es una gran razón para el olvido epidémico de rutina, tal como perder las llaves de tu auto, olvidar dónde te estacionaste o perder el control remoto de tu televisor.

El Doctor Levitin sugiere que puedes mejorar significativamente tu desempeño cuando simplemente te enfoques en una cosa.

La Biblia dice en Proverbios 3.13: «*Bienaventurado el hombre que halla la sabiduría y que obtiene la inteligencia.*» *(RVR1960)*

Utiliza la sabiduría para mejorar tu vida.

83 - Avanza

Bernie Schwartz era un chico judío que creció en el Upper East Side de la ciudad de Nueva York. Cuando la Segunda Guerra Mundial irrumpió en la vida estadounidense, él se unió a la Marina estadounidense.

Bernie le caía muy bien a sus compañeros marineros y siempre lograba hacerlos reír. Una vez, mientras servía en una escolta submarina en el Pacífico, intentó una nueva estrategia para entretener al equipo. Descubrió que tenía talento para imitar personajes de películas populares; podía incluso imitar sus voces y estilos de actuar. Era tan bueno que él mismo se convirtió en un personaje, que llenaba el espacio entre el aburrimiento y los ataques kamikaze.

Cuando la guerra terminó, Bernie usó el nuevo GI Bill (beneficio que da el Departamento de Veteranos para la Educación) para asistir a la universidad, y con el tiempo, llegó a parar en Hollywood. Debido a que Bernie era inusualmente guapo, un representante de un estudio de Hollywood lo notó y le ofreció una prueba para la pantalla. Su aspecto asombroso y facilidad frente a la cámara le llevó a una parte en una película. El estudio se dio cuenta de inmediato que Schwartz tenía un atractivo poderoso para las jóvenes y decidieron expandir sus oportunidades.

Aun con su atractivo y humor natural, Bernie tenía un gran problema: Tenía problemas para deshacerse de su fuerte acento del East Side de Nueva York. En una película, The Black Shield of Falworth (El escudo negro de Falworth) a Bernie le dieron la línea «Yonder lies the castle of my father» (Allá yace el castillo de mi padre), pero cuando la dijo en la pantalla, sonaba como: «Yonder lies duh castle of my fuddah». Las chicas lo amaban de todas maneras.

Bernie, ahora con el nuevo apodo de Tony Curtis, tuvo una de las carreras más exitosas en la historia fílmica estadounidense. Incluso, llegó a ser conocido como «el actor del escritor» porque desarrolló tanta habilidad en decir sus líneas. Obviamente, fue mucho más allá de sus limitaciones del principio. Se convirtió en tan buen actor que se dijo que incluso podría dar lecciones a Robert de Niro en cómo actuar.

La lección aquí es que el éxito puede venir para aquéllos que empiezan, pero nunca se detienen. Bernie Schwartz comenzó pequeño y terminó grande porque nunca dejó de avanzar. Cuando dominaba un nivel, inmediatamente brincaba al siguiente. Nunca se quedó dónde estaba. Siempre avanzaba.

¿Necesitas despegarte? ¿Has estado en el mismo nivel por demasiado tiempo? ¿Es tu tiempo de avanzar? ¿Qué estás esperando?

La Biblia dice en Eclesiastés 9.10: «*Y todo lo que te venga a la mano, hazlo con todo empeño;*» *(NVI)*

84 - El orden

El Jazz es considerado (por los historiadores de música) ser la única forma musical que nació completamente en los Estados Unidos. Su escalada inesperada, así como conexiones y cambios sorpresivos, continúan deslumbrando y entreteniendo.

Hay muchos artistas famosos del jazz, algunos de raza negra y algunos de raza blanca; pero la mayoría están de acuerdo en que el más grandioso era Louis Armstrong.

Armstrong nació en Nueva Orleans en 1901 y murió en la Ciudad de Nueva York en 1971. Su vida al principio fue una pesadilla de decepción y disfunción. Era el nieto de esclavos. Cuando fue abandonado por sus padres (solo vio a su padre cuando el hombre marchaba en los desfiles locales), lo acogió su abuela. Su vecindario era tan peligroso que lo llamaban «el campo de batalla».

Louie se ganó la vida repartiendo periódicos y vendiendo comida desechada de vuelta a los restaurantes. Se matriculó brevemente en la Escuela Fisk de Niños, dónde le dieron una introducción a la música, pero la dejó a la edad de 11 años. Su vida cambió permanentemente cuando fue adoptado por una familia judía de Lituania de apellido Karnofsky. Los Karnofsky le dieron al chico amor profundo y le enseñaron autodisciplina. Esa disciplina se transfirió hacia su música.

Cuando Louie estaba en sus veintitantos, emigró a Chicago, dónde fue «descubierto» como un destacado músico de corneta y trompeta. Rápidamente estuvo trabajando con algunas de las bandas más famosas de ese tiempo y llegando a la cúspide de su carrera como el más famoso y exitoso músico de jazz en la nación.

Louie Armstrong no solo era conocido por su talento virtuoso, también fue conocido por la estabilidad y éxito en su vida. Mientras la mayoría de los músicos de jazz estaban precipitándose en un ciclo autodestructivo de drogas, alcohol, relaciones disfuncionales y mal manejo financiero, Armstrong mantuvo una vida controlada y sensata.

El respetado poeta y crítico literario Clive James da el secreto de la vida de Louie cuando escribe: «Armstrong, con todo en su contra, supo cómo conducir y ordenar su vida». Había aprendido bien las lecciones que le enseñó una generosa familia judía que simplemente decidió amarlo.

El Doctor Daniel Levitin, en su libro: *The Organized Mind: Thinking Straight in the Age of Information Overload* (La mente organizada: Pensando claro en la era del exceso de información), dice que el único factor que aparta a los altamente exitosos de los que no logran su potencial, es la habilidad de ordenar y organizar su vida. Hay poder en una vida ordenada. El orden es más que organización básica. El orden es la habilidad de organizar tu vida para hacer lo que funcione mejor. Es la habilidad de permitir que el «sentido común» te mantenga en el camino correcto.

Planeación financiera ordenada, atención ordenada en tu trabajo, compromiso ordenado en tus relaciones importantes y desarrollo ordenado de tu vida espiritual pueden edificar una fundación sólida en la cual construir tu futuro.

¿Qué necesitas aprender para llevar una vida ordenada? ¿Qué necesitas saber para progresar? Obtén lo que necesites y luego: ¡adelante!

La Biblia dice: «*Pero hágase todo decentemente y con orden.*» *(1 Corintios 14.40 RVR1960)*

85 - Abraza lo inesperado

James Basie nació en Red Bank, Nueva Jersey en 1901. Su madre le enseñó a tocar el piano cuando era un niño. Basie rápidamente mostró una habilidad musical considerable y decidió perseguir cualquier oportunidad musical en su ciudad natal. Cuando tenía 16, renunció a la escuela y obtuvo un trabajo, proporcionando acompañamiento musical para las películas mudas en el cine local. Con el tiempo, logró llegar a Harlem, Nueva York, donde sus talentos le ayudaron a dirigir una banda para la que trabajó por cincuenta años. Cuando murió en 1984, en Florida, James (ahora conocido como el Count Basie) fue reconocido como uno de los músicos de jazz y conductores de grandes bandas más influyentes en la historia estadounidense.

Todo esto es de conocimiento general, pero un incidente poco conocido e inesperado cambió su dirección profesional y le aseguró fama y éxito.

Mientras actuaba en un circuito de vodevil nacional en los años 1920, Basie quedó varado, de forma inesperada en la Ciudad de Kansas, Missouri. Su tour se descompuso y él quedó atrapado en lo que, en aquel tiempo, era una ciudad fronteriza brusca y sin cultura. Parecía que Basie había aterrizado en medio de un desastre; sin embargo, había una oportunidad oculta en una experiencia que parecía negativa a simple vista. Para la sorpresa de Basie, los residentes de la Ciudad de Kansas resultaron tener un gusto sofisticado y excepcional por el jazz. La ciudad estaba ya atrayendo músicos buenísimos, jóvenes y talentosos.

Basie se dio cuenta rápidamente de que había descubierto una audiencia que podría lanzarlo a un nivel más alto. Se unió a la banda más importante de la ciudad en 1929 y pronto se convirtió en su líder indiscutible. Él y su banda, ahora conocida como la Orquesta del Count Basie, se movió a Nueva York y se hicieron desenfrenadamente populares. Llegó a ser conocido como «El Rey del Swing» y dio un cambio a la tendencia musical de la nación. El gran éxito de Basie nació de una inesperada desviación de frustración y decepción. Su vida había cambiado cuando se dio cuenta de que su mejor oportunidad estaba disfrazada de una interrupción no deseada.

¿Qué hay de ti? ¿Te mantienes alerta de las posibilidades a tu alrededor? ¿Puedes ver la oportunidad en la decepción? No permitas que las frustraciones te enceguezcan hacia tu futuro.

Haz una lista hoy de dos elementos en tu vida que parecen negativos. Examínalos y escribe cada semilla de triunfo potencial incrustada en las dos situaciones. Haz un nuevo plan con base en lo que descubras.

La Biblia dice: «*Porque el hombre tampoco conoce su tiempo.*» *(Eclesiastés 9.12 RVR1960)*

86 - Lo que tienes en común con el moho mucilaginoso

El moho mucilaginoso tuvo su primera actuación protagónica en las películas. La película de 1958, *The Blob* (*La Masa Amorfa*—también titulada *The Molten Meteor*—*El Meteoro Fundido*) es una película independiente acerca de un moho mucilaginoso extraterrestre que llega en un meteoro que choca en Downingtown, Pennsylvania. La masa amorfa crece a un tamaño gigantesco, empieza a comerse a cuanto humano encuentra y amenaza con la destrucción de la ciudad y, por su extensión, del planeta entero.

Steve McQueen, en su primer papel estelar, a la edad de 27 años, protagoniza a un adolescente que lucha contra el gigante grasoso. La película debutó como la segunda de *I Married a Monster from Outer Space* (*Me casé con un monstruo del espacio exterior*), pero pronto sobrepasó a la película principal en popularidad, convirtiéndose en un clásico de culto.

La masa amorfa en la película está, de hecho, basada en la verdadera ameba del suelo que siempre ha coexistido con los humanos. Este moho mucilaginoso se mueve de una forma similar a los extraterrestres en la película. Su movimiento es causado por un proceso llamado quimiotaxis.

Este proceso funciona cuando la ameba del suelo percibe la presencia de un químico en particular (quimio) y se mueven hacia él (taxis). La ameba del suelo se siente atraída por químicos atrayentes llamados quimiotácticos y se aleja de los químicos peligrosos llamados quimiorepelentes. Esto significa que le atraen químicos de los que se puede alimentar y le repelen los químicos que pueden lastimarla.

Si deseas relacionarte en cómo funciona esto, imagina la

diferencia entre el delicioso aroma de las galletas de chocolate recientemente horneadas y el olor desagradable de un zorrillo. Entonces, tú tienes algo en común con la ameba del suelo: Te sientes atraído a algo bueno y repugnado por algo malo. Esto también aplica a tus relaciones. La gente se siente atraída a ti cuando eres positivo, feliz y alentador. Se sienten repelidos por alguien que es negativo, crítico y quejoso. Ronald Reagan entendió esto. Muchos historiadores dicen que Reagan era tan positivo y optimista que incluso les caía bien a sus enemigos. Lograba más siendo atractivo.

Haz la prueba. Pregúntale a alguien en quien confíes si tu tendencia es atraer o repeler. La respuesta puede ser crítica para tu futuro éxito o fracaso.

Incluso cuando (especialmente cuando) estés lidiando con cuestiones serias, asegúrate que haces eso en una forma convincente y persuasiva. Todas las demás «amebas del suelo» están esperando responder.

La Biblia dice: «*Por lo demás, hermanos, todo lo que es verdadero, todo lo honesto, todo lo justo, todo lo puro, todo lo amable, todo lo que es de buen nombre; si hay virtud alguna, si algo digno de alabanza, en eso pensad.*» *(Filipenses 4.8 RVR1960)*

87 - Fuera de lo establecido

La batalla de Diamond Rock fue decidida por una táctica inusual. (Diamond Rock es una formación de basalto que alcanza 574 pies [175 metros] arriba de las aguas transparentes del Mar del Caribe. Son los restos de lava volcánica en forma de diamante, ubicados al sur del pueblo de Fort-de-France en la isla de Martinica).

El almirante británico Samuel Hood rápido reconoció el valor estratégico de la roca y acarreó cañones y suministros a la cima en 1804. Colocó 107 marineros en la roca y la nombró de nuevo: HMS Diamond Rock.

Los británicos y franceses estaban involucrados en las guerras napoleónicas, por lo tanto, la Marina Francesa decidió capturar la roca y utilizarla para acosar a los barcos británicos. Se podía proteger tan fácilmente que los marinos británicos resistieron todos los ataques por 18 meses. Los franceses no tenían respuesta para los cañones que comandaban las aguas alrededor de la base.

Decidieron hacer un asalto más y, por lo tanto, atacaron a los británicos del 31 de mayo al 2 de junio de 1805, en lo que llegó a llamarse la Batalla de Diamond Rock. Al principio, los ataques fueron tan inútiles como antes; parecía que los franceses fallarían de nuevo, pero luego uno de los oficiales franceses tuvo una idea. Fuera de la vista de los centinelas ingleses, los franceses llenaron un bote con barriles de ron. Incluyeron el bote en el próximo asalto y deliberadamente permitieron que el bote encallara en la base de la isla. Luego, sacaron sus botes en una aparente retirada, dejando el bote varado.

Cuando los defensores vieron la salida de los barcos franceses, notaron el bote abandonado y enviaron a unos cuantos marineros a investigar. Los marineros encontraron el ron e hicieron arreglos para izar los barriles a la cima. La guarnición se tomó el ron y se pusieron tan ebrios que no pudieron soportar el próximo ataque, tal como lo habían esperado los franceses. La roca cayó en manos francesas y los marineros, con resaca, fueron entregados a las autoridades británicas.

Una idea fuera de lo establecido ganó la batalla y conquistó la roca.

¿Necesitas nuevas ideas para conquistar «las rocas» en tu vida? ¿Es posible que una solución que parezca poco probable pueda ser la clave que resuelva el problema?

1. Toma una hoja de papel y escribe una breve descripción de una situación «sin solución».
2. Registra cuántas posibles soluciones se te ocurran para una solución en 10 minutos. Escribe todo lo que venga a tu mente, incluso si parece algo disparatado.
3. Haz un plan para probar tus ideas y ver a dónde te llevan.
4. Continúa hasta que encuentres nuevas formas de encarar tus desafíos. Encuentra lo que funcione.

La Biblia dice que: «*El que posee entendimiento ama su alma; el que guarda la inteligencia hallará el bien.*» *(Proverbios 19.8 RVR1960)*

Intenta entender nuevas formas de triunfar.

88 - Nunca es demasiado tarde

Leroy Page nació el 7 de julio de 1906, en Mobile, Alabama. Puede que haya sido el más grandioso lanzador de baseball de todos los tiempos.

Leroy «Satchel» Paige jugó por años en las famosas ligas negras. En 1933, ganó 33 juegos y perdió solo cuatro, atrayendo la atención de las ligas mayores. El legendario jugador Joe DiMaggio, jugador de los Yankees, dijo que Paige era, según sus palabras: «el mejor y más rápido lanzador con quien me he enfrentado».

Lo más impresionante acerca de Paige fue su asombrosa longevidad. Se convirtió en el novato más viejo en la historia de las ligas mayores a la edad de 42 y lanzó en el juego de estrellas de baseball a la edad de 47. Tenía 59 cuando lanzó tres entradas sin puntuación el 25 de septiembre de 1965, para la ciudad de Kansas. Esto lo convirtió en el jugador activo más viejo que alguna vez jugara en el juego. Jugó su último juego profesional a la edad de 60. Fue el primer jugador de raza negra de baseball que figuró en el Salón de la Fama del Baseball.

La Doctora Leila Denmark es otra historia de asombrosa longevidad. Se graduó de la Facultad de Medicina de Georgia en 1928 y es reconocida como la co-desarrolladora de la vacuna de la tosferina (tos convulsa). La Doctora Denmark practicó medicina hasta la edad de 103 años y murió a los 114, cuando fue reconocida, oficialmente, como la cuarta persona más vieja en el mundo. La Doctora Denmark también fue la pediatra de mi hijo Jonathan.

La última vez que llevamos a Jonathan para un chequeo, la Doctora Denmark tenía 100 años de edad. Estaba radiante, llena de energía y completamente a cargo de la visita de Jonathan.

Nos dijo que para celebrar su cumpleaños número 100, hizo excursionismo de mochila y camping en las Rocosas de Colorado por dos semanas, seguidas de tres días jugando golf en Palm Springs, California. Se sentía grandiosa. Cuando le pregunté acerca de su dieta, dijo que en la única cosa en que insistía era en el consumo de una banana al día. (Este no es un consejo médico, es solo un comentario de nuestra conversación).

Las vidas de Satchel Paige y la Doctora Denmark demuestran que nunca es demasiado tarde para vivir. Muestran que es posible estar activo y ser productivo a medida que la vida avanza. Si Dios todavía te ha permitido estar aquí, significa que no has terminado. Nunca es demasiado tarde para hacer algo nuevo. De hecho, una actitud de aventura y exploración puede que incluso te ayuden a mantenerte joven.

Hoy, haz una lista de tres cosas que siempre has querido intentar, tres alimentos que siempre has querido comer y tres lugares que siempre has querido visitar. Usa tu lista para acelerar tu vida. Nunca es demasiado tarde para sentirte joven.

La Biblia dice en Jeremías 17.7–8: «*Bendito el varón que confía en Jehová y cuya confianza es Jehová, porque será como el árbol plantado junto a las aguas, que junto a la corriente echará sus raíces, y no verá cuando viene el calor, sino que su hoja estará verde; y en el año de sequía no se fatigará, ni dejará de dar fruto.*» (RVR1960)

89 - El supremo sacrificio

Martin August Treptow era un barbero de un pueblo pequeño del medio oeste de los Estados Unidos.

Nació en Chippewa Falls, Wisconsin y creció inmerso en los valores estadounidenses. Trabajaba duro, iba a la iglesia, amaba a su familia y servía a la comunidad. Fue un miembro activo de la Guardia Nacional y se unió al Ejército de los Estados Unidos en 1917, cuando su país entró a la Primera Guerra Mundial.

A Martin lo colocaron en la Infantería 108 de la División 42 y fue enviado a Francia. El 30 de julio de 1918, su grupo de soldados se vio involucrado en la segunda batalla de Marne, dónde las fuerzas aliadas eventualmente detuvieron la ofensiva alemana y salvaron París. Se le pidió a su batallón tomar la colina 212 de la Granja La Croix. Cuando comenzó la batalla, un oficial pidió a un voluntario para que llevara un mensaje urgente a otro batallón. Inmediatamente, Martin se ofreció para llevar el mensaje y corrió hacia otra sección del frente. Fue muerto por el fuego de la artillería. Tenía 25 años de edad.

Después del ataque, recuperaron el cuerpo de Martin y encontraron un diario en su bolsillo. En el diario estaban escritas estas palabras, bajo el título de Mi compromiso: «Los Estados Unidos deben ganar esta guerra. Por lo tanto, trabajaré, salvaré, me sacrificaré, resistiré, pelearé de buena gana y haré mi máximo esfuerzo, como si el resultado de toda la lucha dependiera de mi solamente».

El 20 de enero de 1981, Ronald Reagan hizo su juramento como Presidente de los Estados Unidos. En su discurso inaugural, platicó la historia de Martin Treptow y leyó la frase de su diario, lo que en ese momento se convirtió en parte de la historia de dicho evento. Reagan terminó con las palabras que recordaron a todos los estadounidenses que lo que ahora se requería era «nuestro mayor esfuerzo y nuestra voluntad para creer en nosotros mismos y creer en nuestra capacidad para realizar grandes hazañas; para creer que, con la ayuda de Dios, podemos resolver y vamos a resolver los problemas que ahora enfrentamos y, después de todo, ¿por qué no deberíamos creer eso? Somos estadounidenses».

La lección ineludible en esto es que algunas cosas son tan importantes que valen la pena cualquier sacrificio, incluso el último. Los Estados Unidos representan la libertad personal, el compromiso a la moralidad, la santidad de la familia, principios bíblicos y la oportunidad individual, sin el estorbo de un gobierno grande e intrusivo. Martin Treptow dio su vida por estos ideales. ¿Qué vas a hacer tú?

La Biblia dice: «*Bienaventurada la nación cuyo Dios es Jehová.*» *(Salmos 33.12 RVR1960)*

90 - Mantente joven

La especie de las medusas *Turritopsis nutricula* parece una criatura salida de una película de ciencia ficción. Es uno de los animales más extraños en el planeta.

Esta medusa, en particular, se encuentra en cada océano del mundo. Es pequeña, con una cúpula superior de forma de campana que es de solo 4,5 mm de ancho. Tiene un cierto matiz de rojo y alrededor de 80 tentáculos que cuelgan del cuerpo. Flota elegantemente a través del agua, usando sus tentáculos para capturar alimento.

La cosa más inusual acerca de esta especie de medusas es que, a menos que la hieran o se la coman, nunca muere. Cuando alcanza una edad avanzada, empieza un proceso llamado transdiferenciación. De una forma completamente desconocida para la ciencia, la medusa envía una señal a sus células para que muten de una forma similar a la acción celular de una salamandra cuando reproduce un nuevo miembro o un ojo. Cada célula de su cuerpo la transforma en el pequeño pólipo que era en su nacimiento. Se convierte en una medusa bebé nuevamente y empieza el proceso de crecimiento hacia la adultez y vejez otra vez. Esto continúa de forma indefinida, haciendo a la medusa biológicamente inmortal. Simplemente, rejuvenece.

Los avances en la ciencia cerebral han determinado que tú tienes la habilidad de rejuvenecer tu cerebro. Puedes ayudar a que se vuelva más joven. El Doctor Robert Cooper, experto en rendimiento humano, escribe que «cuando se activan las células de tu cerebro—por medio de nuevas escenas, sonidos, conversaciones, búsquedas creativas y el resolver problemas…—instantáneamente, empiezan a cambiar. Toman más energía electroquímica, forman nuevas conexiones, remodelan las terminales nerviosas, mejoran las redes receptoras y revitalizan la función del cerebro».

El Doctor en medicina Michael Chafetz, investigador neuropsicólogo, agrega que la clave para vivir a prueba de la edad es: «el acondicionamiento del cerebro—debes desafiar con regularidad todo aspecto de tu cerebro para expandir su rendimiento y reducir o prevenir su envejecimiento».

Permíteme sugerir:

1. Intenta algo nuevo cada día. Expande tus experiencias: toma una ruta diferente a casa; prueba algo nuevo de comer.
2. Conoce a alguien nuevo cada semana. Incrementa tu red personal y diviértete.
3. Lee a un autor o estudia un tema con el que no estés familiarizado (haz esto una vez al mes). Desarrolla tu intelecto.

Dios te hizo para ser lo mejor que puedas ser. ¡Sigue creciendo!

La Biblia dice: «*Bendice, alma mía, a Jehová ... el que sacia de bien tu boca de modo te que rejuvenezcas como el águila.» (Salmos 103.2, 5 RVR1960)*

91 - Prepárate para lo inesperado

Eugene O'Neill nació en un cuarto de hotel en Times Square, Nueva York, en el año de 1888, dónde ahora hay un Starbucks. Su padre era un actor irlandés, por lo tanto, O'Neill pasó la mayoría de su infancia en hoteles, casas de huéspedes o trenes. En 1936, cuando tenía la edad de 48 años, ganó el Premio Nobel de Literatura.

En 1923, O'Neill terminó la obra de teatro a la que llamó *Strange Interlude* (*Extraño Interludio*). No fue puesta en escena en Broadway hasta 1928, cuando ganó el Premio Pulitzer por Drama. En una de sus giras, la obra de teatro fue puesta en escena en Quincy, Massachusetts. Puesto que la obra era de cuatro horas de duración, O'Neill estuvo de acuerdo en permitir un descanso para cenar a mitad de la producción. Había notado un restaurante cruzando la calle desde el teatro y decidió recomendar a los que asistieron al teatro el que visitaran ese restaurante exclusivamente, para que pudieran comer y regresar a tiempo para la presentación de la obra.

Lo que O'Neill no sabía era que el propietario del restaurante estaba desesperado. Había construido una estructura seudo colonial con un techo naranja brillante. Había puesto todo su dinero en esa empresa y producido platillos atractivos y excepcionales. Había dedicado largas horas de trabajo y compromiso, pero el negocio estaba a punto de fracasar: Debía $40.000 (una enorme suma en ese tiempo) y a punto de la bancarrota.

Cuando la obra abrió, tuvo un éxito arrollador. La gente venía de diferentes estados; por lo tanto, las entradas se agotaban cada noche. Cientos de clientes llenaban el teatro y esos mismos clientes llenaron el restaurante cruzando la calle. A los que llegaban a cenar les gustó tanto el restaurante que cuando la obra

191

finalmente terminó, siguieron yendo. Le dijeron a sus amigos y el restaurante se convirtió en una de las atracciones más populares para cenar en la región. El dinero llegó a manos llenas y el restaurante fue todo un éxito. El propietario del restaurante se sintió tan inspirado por el giro que decidió expandirse. Abrió nuevas instalaciones en varias ciudades. Los nuevos restaurantes fueron tan populares como el primero. Pronto, comenzó a construir un imperio.

Para 1965, su cadena de restaurantes era la más grande en los Estados Unidos y haciendo más negocios que McDonald's, Burger King y Kentucky Fried Chicken juntos. Para 1970, el negocio operaba 1.000 restaurantes y 500 moteles en todo el país.

El desesperado dueño del restaurante a quien salvó la obra de teatro de Eugene O'Neill era Howard Johnson.

Aquí hay una lección simple: Siempre prepárate para el éxito. Siempre está listo para lo inesperado; tu respuesta puede estar en camino.

Howard Johnson estaba listo cuando la oportunidad llegó. Ya había construido su restaurante; estaba preparado.

¿Estás trabajando en tu sueño? ¿Estás listo? ¿Estás preparado para lo inesperado?

Prepárate para el éxito. La Biblia dice que: «*Los pensamientos del diligente tienden a la abundancia.*» *(Proverbios 21.5 RVR1960)*

92 - La lealtad

Uno de los documentos medievales más antiguos cuenta la historia de un caballero que fue capturado y puesto en prisión en un castillo.

La historia cuenta que 200 de los sabuesos del caballero (por su cuenta) recordaron su entrenamiento, formaron una línea de batalla, atacaron el castillo y rescataron a su señor.

Otro texto antiguo cuenta la historia del Rey Lisímaco de Persia. Cuando el rey falleció, su perro fiel se lanzó él solo a la pira funeraria del rey.

Cuando el ídolo de las películas Rodolfo Valentino murió en 1926, su perro, Kabar, rehusó dejar el cuarto de su amo. El canino estuvo allí por dos semanas, rechazando comida y agua hasta que él también murió.

Hay una historia bien documentada de una familia de Indiana que salió de vacaciones en 1923. Durante el curso del viaje, su perro, un collie, se perdió. La familia buscó a la mascota sin éxito y finalmente, decidieron regresar a casa. Un tiempo después de su regreso, los contactó un familiar en Oregon, quien reportó que el perro había viajado 2.000 millas hacia la granja en Oregon, dónde había nacido. El perro esperaba alegremente su llegada para que lo recogieran.

Cuando yo tenía 11 años, me encontraba explorando un pantano cerca de la casa de mi abuela. Era un día frio de febrero y yo seguía una ruta estrecha a través de una profusión de espadañas. De repente, el sendero hizo una curva y yo salí del camino y entré en un área de al lado. La superficie estaba cubierta de hielo. Lo rompí y caí en una profunda y congelada piscina. Grité por ayuda, pero no esperaba respuesta porque nadie sabía dónde estaba. Después de unos minutos de un frenesí de intentar nadar, empecé a sentir los pies y las piernas dormidas. Luego, algo inesperado ocurrió: Mi perro, Checker, apareció. Estiró su cuello hacia mi (era un perro grande, parte huskie y parte collie) y agarró mi brazo con su hocico. Luego caminó hacia atrás y me jaló del agua. Después de un momento de recuperación, abracé a mi perro y nos dirigimos a casa. Todavía me pregunto cómo me encontró.

Hay algo especial acerca de la lealtad. Cuando muestras lealtad, demuestras un compromiso profundo hacia otra persona. La lealtad es la cura para la motivación egoísta. Cuando eres leal a alguien, lo pones por encima de tus necesidades y deseos.

Permíteme sugerir:

1. Sé leal a tu esposa o esposo. Ningún otro voto es tan sagrado como los que se dijeron el uno al otro en su boda. Extiende esa lealtad hacia tus hijos.
2. Sé leal con tus amigos. Da sin esperar recibir algo a cambio.
3. Usa la prueba de la lealtad en todas tus relaciones. Mi amigo Mike Murdock dice que solo deberías confiar y trabajar con gente que te respeta y te es leal.

La Biblia dice que: «*El amor es sufrido, es benigno; el amor no tiene envidia, el amor no es jactancioso, no se envanece; no hace nada indebido, no busca lo suyo, no se irrita, no guarda rencor.*» (*1 Corintios 13.4–5 RVR1960*)

Sé leal.

93 - Pórtate joven

Los cuatro personajes principales de la película *Grease* (Grasa) en 1978, todos tenían 18 años y cursaban su último año en la escuela secundaria superior. En realidad, los cuatro fueron protagonizados por actores mucho mayores: Danny fue protagonizado por John Travolta, de 23; Sandy fue protagonizada por Olivia Newton-John, de 29; Kenickie fue protagonizado por Jeff Conaway, de 27; y Betty Rizzo fue protagonizada por Stockard Channing de 33.

Las películas siempre han utilizado a actores mayores para protagonizar personajes más jóvenes. Algunos otros ejemplos son Harland Williams en la comedia del 2002, *Sorority Boys* (La casa de la fraternidad), quien tenía 40, cuando protagonizó a un personaje de 21 años. En el filme icónico, *Ferris Bueller's Day Off*, (¿Dónde está Ferris Bueller?) Matthew Broderick tenía 24 años cuando hizo el papel de un estudiante de secundaria.

Dos de las más grandes diferencias de edad en la historia de los castings para las películas fueron en los filmes, *Joan of Arc* (Juana de Arco) y las series de *Harry Potter*. En Juana de Arco, Ingrid Bergman, quien tenía 39 años en ese momento, hizo el papel de una Juana de Arco de 14. En las películas de *Harry Potter*, *Moaning Myrtle*—Myrtle, la llorona (quién era el fantasma de la niña asesinada a los 14 y quien se quedó en la misma edad en la que sucedió su deceso)—fue protagonizada por la actriz Shirley Henderson, quien tenía 36 años.

Una de las elecciones más extrañas de casting fue para el popular programa de televisión, *The Golden Girls* (Las chicas de oro). En la serie, Estelle Getty, quien tenía 62 años, hizo el papel de una Sofía de 86. Ella era, de hecho, un año menor que Bea Arthur (ella tenía 63) quien hizo el papel de su hija.

En todos estos ejemplos, actores mucho más grandes fueron capaces de protagonizar, con éxito, a alguien definitivamente más joven. En cada instancia, los actores se veían más jóvenes al actuar como más jóvenes. Por supuesto que tuvieron la ayuda del maquillaje, buena iluminación y ángulos de cámara creativos, pero en el centro de su protagonismo estaba la capacidad de actuar joven.

Estuve recientemente en un Centro de Bienvenida en West Virginia. Cuando salía del baño, saludé a dos hombres que también se iban. Los dos caminaban con una mala postura, hundida y se veían débiles. Hablaban sin energía y se veían viejos. Cuando los hombres comenzaron a hablar de sus edades, quedé sorprendido al descubrir que yo era más viejo que ellos. Cuando les dije mi edad, los dos dijeron que estaba mintiendo. Supongo que las reglas de la actitud positiva y buena salud que he tratado de seguir deben de estar trabajando.

La lección es simple: La gente responde a lo que tú proyectas. Si proyectas juventud y energía, la gente te percibirá siendo joven y energético; entre más proyectes esa imagen, más joven y más energético te verás tú mismo.

Párate derecho. Usa una buena postura. Haz todo con entusiasmo y energía y verás la respuesta que consigues.

La Biblia dice en Isaías 40.31: «*Pero los que esperan a Jehová tendrán nuevas fuerzas; levantarán alas como las águilas; correrán y no se cansarán, caminarán y no se fatigarán.*» *(RVR1960)*

94 - Sigue adelante

Hay aproximadamente 96 millones de ratas que viven en Nueva York—lo que significa que hay 12 ratas por cada persona. La rata más grande alguna vez descubierta, fue encontrada viviendo en el cráter de un volcán en Nueva Guinea. Fue identificada como la rata Bosavi wooly, la cual tiene el tamaño de un gato doméstico y pesa 4 libras (1,82 kg).

Las ratas se encuentran en todo ambiente del mundo y tienen un número de características poco comunes. Son capaces de aprender de ensayo y error y raramente olvidan. Las ratas adultas pueden saltar 3 pies (0,9 m) hacia arriba de una posición vertical y pueden caer de una altura de 50 pies (15,2 m), sin lastimarse. Ni siquiera quedarán aturdidas, porque las ratas tienen un balance casi perfecto. Pueden nadar sin parar por tres días y comprimirse en una abertura del tamaño de una moneda de 25 centavos del dólar (24 mm).

Las ratas tienen una vista pobre, pero su oído es de una superioridad mucho mayor que el oído humano; detectan sonidos a un rango ultrasónico. Las ratas también tienen un extraordinario sentido del olfato. Pueden oler la orina de otras ratas e inmediatamente saber la identidad específica de esas ratas: su género e incluso los niveles de estrés. Siguen algunos rastros con olor a comida y también a sus nidos. A pesar de que las ratas viven en ambientes inmundos, son animales limpios que se lamen y limpian ellas mismas todos los días.

Quizá el hecho más interesante en las ratas es la habilidad de poder morder casi todo. Si una rata tiene suficiente tiempo, puede roer a través de la madera, concreto, acero e incluso vidrio, si hay una pequeña grieta. En su libro, *The Triumph of Seeds (El triunfo de las semillas)* Thor Hanson escribe que una rata en la persecución de una comida de semillas, puede masticar a través de pulgadas de acero sólido y seguirá masticando hasta que tenga éxito.

Esta es una valiosa lección que viene de una rata común. Las ratas tienen éxito porque simplemente siguen adelante. Hay poder en su persistencia. Puedes estar tan cerca de tu gran paso al éxito, que no puedes darte el lujo de renunciar. Escuché a un pastor, recientemente, referirse a la historia bíblica de Josué, un ejército judío y el asedio a la antigua ciudad fortificada de Jericó. Nos recordó que Dios dijo a los judíos que marcharan siete veces alrededor de la ciudad, pararan para tocar las trompetas, gritaran y luego los gigantes muros de la ciudad se colapsarían, pero ¿qué habría sucedido si ellos hubieran parado en la vuelta número seis alrededor del muro? Habrían fallado. Algunas veces, simplemente, tienes que seguir marchando.

No te des por vencido. Puede que estés en tu sexta marcha y no saberlo. Una marcha más y tus obstáculos caerán. Sé cómo la rata: Sigue masticando hasta que lo logres.

La Biblia dice: «*Entonces el pueblo gritó, y los sacerdotes tocaron las bocinas; y aconteció que cuando el pueblo hubo oído el sonido de la bocina, gritó con gran vocerío, y el muro se derrumbó. El pueblo subió luego a la ciudad, cada uno derecho hacia adelante, y la tomaron.*» *(Josué 6.20 RVR1960)*

95 - Único

¿Qué es lo que tienen en común el renombrado pianista Arthur Rubinstein, el dictador italiano Benito Mussolini, el famoso matemático hindú Srinivasa Ramanujan, los ganadores del Premio Nobel: economista, Gary Becker; el físico Albert Einstein y Edward Teller (padre de la bomba de hidrógeno)? En que todos eran genios—y todos fueron niños que empezaron a hablar mucho más tarde que otros niños de su edad.

Edward Teller no habló hasta la edad de 4 años. Einstein no habló hasta la edad de 3, pero no lo hizo de forma fluida hasta los 9. Aunque casi todos los que tardan en hablar son varones, Clara Schumann (famosa pianista del siglo 19) y Julia Robinson (la primera mujer elegida como Presidenta de la Sociedad Americana de Matemáticas) también tardaron en hablar.

Los miembros de Mensa (una sociedad para gente con alto coeficiente intelectual) son conocidos por tener más alergias que la población en general, y estudiantes inscritos en el programa especial para niños excepcionalmente talentosos en habilidades matemáticas de la prestigiosa Universidad Johns Hopkins muestran características sin relación a las matemáticas. Cuatro de cada cinco estudiantes tienen alergias y/o miopía o son surdos.

Thomas Sowell, en su libro: *The Einstein Syndrome: Bright Children Who Talk Late* (*El síndrome de Einstein: Niños brillantes que tardaron en hablar*) escribe que «hay una serie de discapacidades que son más comunes entre la gente de alto intelecto que en la población en general». Sowell escribe después que «nadie sabe, con seguridad, porqué ocurre esto».

Siempre recuerda que eres único. Nunca ha habido ni habrá nunca alguien igual que tú. Todo acerca de ti te hace lo que eres. Tus habilidades y discapacidades, tus fortalezas y debilidades, eres el producto de toda esa combinación. Hay algo excepcional acerca de ti que puede estar oculto por una aparente desventaja. Einstein no habló por años, pero su mente fue excepcional. La mayoría de los estudiantes del programa de Johns Hopkins sufren con una limitación, pero tienen grandes habilidades matemáticas. Dios ha plantado algo especial e importante en ti; solo tienes que encontrarlo.

Permíteme sugerir:

1. Toma un cuaderno y lista las ventajas que vienen de tu debilidad. Encuentra, por lo menos, tres.
2. Lista todo (sin importar si es pequeño) en lo que eres bueno.
3. Desarrolla lo que descubriste en los dos primeros ejercicios.

La Biblia dice en Salmos 139.14: «*Te alabaré [Dios], porque asombrosa y maravillosamente he sido hecho.*» (LBLA)

96 - Celébrate

Elvis Presley dio su primera presentación musical el 3 de octubre de 1945 en la Feria y Exposición de Productos Lácteos de Mississippi y Alabama. El niño de 10 años se paró en una silla y cantó la canción de Red Foley «Old Shep». Quedó en el quinto lugar de la competencia.

Nueve años después, Elvis viajó a Memphis, Tennessee a visitar Sun Records. La recepcionista Marion Keisker recuerda a Elvis pidiendo si podía pagar para hacer una grabación de demostración como un regalo para su madre. El chico tímido de diecinueve años agregó que también tenía curiosidad de oír como sonaba su voz (el biógrafo Peter Guralnick piensa que Elvis, secretamente, aspiraba ser descubierto).

Después de unos cuantos momentos de conversación introductoria, Keisker preguntó a Elvis qué tipo de cantante era y Presley respondió, «Canto de todo». No satisfecha, la recepcionista insistió y le pidió a Presley que describiera su estilo musical. Ella recordó al joven responder, «No sueno como nadie».

Elvis pagó la tarifa, hizo la demostración y el resto—como dice el dicho—es historia.

¿Qué hizo a un adolescente del Mississippi rural, sin entrenamiento musical y sin experiencia en el escenario, pensar que podría ser un futuro cantante? ¿Qué lo inspiró a viajar a Memphis, arriesgarse al ridículo y al rechazo para gastar el poco dinero que tenía en una grabación para la cual no había garantía que alguien escuchara? Creo que hay una pista en algo de lo que recuerda Marion Keisker. Cuando lo desafió a describir su estilo, el joven Elvis simplemente dijo, «No sueno como nadie». Él creía en su talento, celebró su sueño.

Tengo un amigo que siempre le dice a la gente, «Nunca dejes que nadie robe tu sueño». La historia está abarrotada de historias de personas que sin miedo y de forma implacable, persiguieron sus visiones personales. Elvis tenía razón.ÉEl no sonaba como nadie más y tampoco tú.

Dios te hizo. No eres un accidente de una evolución irracional. Estás vivo por una razón. Eres especial, celébrate y no permitas que nadie robe tu sueño.

La Biblia dice: «*Y creó Dios al hombre a su imagen, a imagen de Dios lo creó; varón y hembra los creó.*» *(Génesis 1.27 RVR1960)*

97 - Resiliencia

Frederick Winter de Michigan, recientemente, se convirtió en el competidor más viejo en completar los 100 metros lisos en los Juegos Nacionales de Adultos Mayores. Él terminó la carrera en 42,38 segundos. Winter tenía 100 años de edad.

Winter hizo dos turnos de servicio para la Marina Estadounidense en la Segunda Guerra Mundial y continuó manteniéndose en buena condición física después de su servicio militar. Winter dice que come correctamente (le gusta el salmón) y hace 30 minutos de ejercicios aeróbicos a las 6:00 de la mañana, todos los días. En 2015, Dan Pellman se convirtió en la primera persona de 100 años en correr los 100 metros lisos en 27 segundos. Completó su carrera en San Diego, California, en un día en que la temperatura alcanzó los 100 grados Fahrenheit (38 grados centígrados).

Cuando yo estaba en la universidad, me notificaron que mi bisabuela había sido hospitalizada y estaba muriendo. Se me pidió que viniera a casa lo antes posible. (Frecuentemente, visitaba a mi abuela en su granja de trabajo en la bifurcación izquierda de Bull Creek en el este de Kentucky. Disfrutaba las visitas porque ella era inteligente, enérgica, sin pelos en la lengua y profundamente cristiana. Tenía un amor contagioso hacia la vida y una actitud positiva y vigorosa. Desbordaba alegría y optimismo).

Cuando recibí el mensaje de su inminente muerte, dejé la escuela y me dirigí a casa, esperando llegar antes de que falleciera. En ese momento, mi bisabuela Lafferty (ella era la abuela de mi madre) estaba al principio de sus años 90 y todavía trabajaba su granja ella sola.

Cuando llegué al hospital, corrí hacia dentro y pregunté por el número de cuarto de mi bisabuela. Me dijeron que no había un número disponible porque «se había ido». Mi corazón desmayó y pregunté cuándo había muerto. La enfermera quedó perpleja y dijo: «No está muerta, se ha ido».

Localicé a mi madre y padre y les pregunté qué había pasado. Esta fue la historia que relataron: Cuando mi bisabuela despertó en su cuarto (después de que fue transportada en ambulancia y conectada a un sinnúmero de monitores y fluidos) se incorporó, vio a su alrededor y dijo: «Ya basta con esto». Entonces, se quitó todas las agujas, salió de la cama, se vistió y salió. La enfermera se quedó protestando sin poder hacer nada. Mi bisabuela caminó tres millas y media a casa y nunca regresó. Colapsó y murió tranquilamente unos años más tarde, mientas trabajaba en su jardín.

Estas tres personas tienen (o tenían) algo en común: Todos ellos tienen (o tenían) resiliencia. Todos son (o eran) duros y esa dureza los ayuda (o ayudaba) a mantenerlos activos y llenos de vida y energía. La Escuela Médica Harvard publicó un estudio hace algunos años que listaba la resiliencia (resistencia mental) como un factor dominante para la vida larga y buena salud. La resiliencia es un rechazo mental a la preocupación. Es una actitud determinada a creer, una convicción de que: «Puedo manejar esto».

La resiliencia en tus pensamientos, en tu actitud y en tu enfoque pueden fortificarte para una vida saludable y productiva. Para mí, la resiliencia tiene su fundación en mi confianza en un Padre amoroso en el cielo, quien siempre verá por mí. Esa es mi roca de fortaleza.

En lo que sea que hagas, sé duro, sé resistente.

La Biblia dice: «*El justo florecerá como la palmera; crecerá como cedro en el Líbano. Plantados en la casa de Jehová, en los atrios de nuestro Dios florecerán.*» (Salmos 92.12 RVR1960)

98 - El genio de la felicidad

Pasé a través de una fase súper seria en mis veintitantos. Amaba las fiestas y a la gente, pero llegué a convencerme de que necesitaba restringir mis tendencias jubilosas e incrementar mi capacidad para una vida más seria. Todo funcionó bien al principio, pero pronto entré en una tendencia que no me permitía ningún tipo de relajación o diversión casual. Estaba en la ruta hacia la supresión emocional cuando encontré al Genio de la Felicidad. Este genio de la felicidad me sorprendió con sus ideas y guía que me liberaron de un enfoque sombrío y me redirigieron a un lado de la vida más soleado. Esta persona me rescató y me enseñó que la felicidad es la energía que necesitamos todos. Con el tiempo, me enamoré del genio de la felicidad (su nombre es Amy) y me casé con ella.

Mi esposa sigue unas cuantas reglas simples. Una regla mayor es enfocarte en lo que te hace feliz y sacar fortaleza de la experiencia. Esto no significa que ella cree que una persona debería hacer cosas moralmente erróneas solo porque temporalmente te hagan sentir bien. Eso sería superficial y peligroso. Sin embargo, ella cree que encontrar y disfrutar lo que te hace feliz es la mayor fuente de poder y energía.

Permíteme platicarte algunas de las formas en que Amy experimenta la felicidad. (Lo específico puede ser diferente para ti, pero el principio es el mismo). Amy decora para cada estación y cada día feriado. Esta semana, nuestra casa parece un festival de otoño con calabazas, crisantemos y velas con esencia en todos lados. La gente trae a sus niños a ver nuestro porche delantero escénico. Pronto, la casa cambiará a Acción de Gracias y Navidad (por mucho, la época del año favorita de Amy). Al principio del año nuevo, Amy transformará nuestro hogar en una tierra maravillosa de invierno. Ella hace todo esto porque «la hace sentir feliz». Hace feliz a nuestros familiares y amigos también.

104 formas de energizar tus días

Amy prefiere ver películas y leer libros con finales felices. ¿Por qué? Porque la hacen feliz. Ama discutir planes positivos e ideas que puedan hacer feliz a otra gente. ¿Por qué? Porque a ella le importan los demás profundamente y quiere hacer que sean felices. Siempre que descubra amigos o vecinos que estén enfermos o en problemas, arregla cajas de regalos para darles. Espera hacerlos felices.

Amy leyó recientemente, *The Life-Changing Magic of Tidyng Up: The Japanese Art of Decluttering and Organizing* (La magia de poner en orden que cambia la vida: El arte japonés de ordenar y organizar) de Marie Kondo. Cuando le pregunté qué fue lo que le gustó más del libro, dijo que le gustó especialmente el consejo de la autora acerca de ordenar un closet. Kondo escribe que deberías colgar cada pieza de ropa y preguntar: «¿Esto me da alegría?» A Amy le gusta ese concepto porque usa la felicidad como medida para tomar buenas decisiones. Esto no significa que el gozo o la felicidad son los únicos factores para una buena decisión, sino un simple recordatorio de su importancia. Anoche, Amy se sentó en el sofá de nuestra sala, se tomó una taza de té y vio una película de navidad (es octubre) ¿Por qué? Porque la hizo feliz. Ella no sufre por lo que va a hacer con su tiempo libre. Solo elige lo que la hace feliz; no es nada complicada. No es sorpresa que Amy le haya dado a nuestra hija, Allison, el segundo nombre de Joy (Alegría). Representa cómo quiere vivir su vida. Estoy agradecido con Dios porque me condujo a Amy. Vivir con el genio de la felicidad me ha enriquecido de forma inconmensurable y bendecido mi vida. Creo que Amy puede haber descubierto algo especial. ¿Por qué no observas tu vida y decides encontrar y disfrutar de toda la felicidad que puedas? Luego, puedes usar la energía de toda esa felicidad para incrementar la felicidad de la gente a tu alrededor. Tú también puedes ser un genio de la felicidad.

La Biblia dice en Proverbios 17.22: «*El corazón alegre constituye buen remedio*». *(RVR1960)*

99 - Haz que tus miedos salgan corriendo

Ten cuidado con la Bestia de Bladenboro.

Un día en 1954, en la pequeña ciudad de Bladenboro, Carolina del Norte, encontraron a un animal con el cráneo aplastado y toda la sangre drenada de su cuerpo. Los hombres que encontraron el cuerpo estaban perplejos de que ninguna parte del animal había sido comida. Pronto, otros animales sacrificados fueron encontrados, incluyendo perros, cabras y ganado pequeño. Todos tenían las quijadas rotas, los cráneos aplastados y la sangre completamente drenada y ninguno había sido comido. El pánico empezó a cundir entre la gente del pueblo.

Con el tiempo, varios residentes afirmaron haber visto a la bestia responsable de los ataques. Fue descrita (por todos los diferentes testigos) de color oscuro, como de 150 libras (68 kg) y emitía un sonido extraño (dijeron) similar al sonido agudo de un bebé o el llanto histérico y agudo de la voz de una mujer.

Contrataron a rastreadores profesionales, los cuales reportaron encontrar marcas extrañas hechas por unas patas grandes como de gato. Parecía que la criatura arrastraba una larga cola, que dejó una huella que parecía al movimiento de una serpiente gigante. A los sabuesos se les dio la esencia encontrada en las huellas, pero—curiosamente—todos se rehusaron a seguir la huella, sin importarles la urgencia de sus dueños.

Fue en este punto que los residentes de Bladenboro decidieron dar batalla. Los miembros de la comunidad empezaron a cargar armas a dónde fuera que se dirigieran. La gente rechazó entregarse a sus temores y tomaron la decisión de restaurar sus rutinas regulares. El pueblo recaudó dinero para contratar a varios cazadores profesionales y se hicieron planes para cazar y matar a la bestia.

Tantos cazadores respondieron que pronto el pueblo estaba inundado de hombres armados, duros y vigilantes. Se organizaron patrullas y las enviaron a buscar en las áreas rurales alrededor de la comunidad. Luego, repentinamente, los ataques cesaron. La bestia nunca se volvió a ver otra vez. Hasta este día, su identidad es un misterio. Nunca regresó.

Los residentes de Bladenboro dieron la respuesta más inteligente posible al temor: Contraatacaron. Todo cambió cuando decidieron enfrentar sus temores y atacar a la fuente de su amenaza. Cuando confrontaron sus temores con acción, su temor (y la bestia) desaparecieron.

Esta es tu mejor estrategia para hacer que tus temores salgan volando. Levántate y enfrenta tus temores; con frecuencia, se desvanecerán como el humo. Incluso si resultan ser reales, aún con eso estarás mejor porque tu acción puede llevar a las soluciones. Un plan para vencer el miedo siempre es mejor que una retirada hacia la negación y evasión. Solo puedes lidiar con lo que tienes voluntad de enfrentar.

La Biblia dice en Salmos 34.4: *«Busqué a Jehová, y Él me oyó, y me libró de todos mis temores.» (RVR1960)*

100 - Un comienzo temprano

Cuando nuestra hija, Allison, tenía 8 años, un mentor financiero nos aconsejó que le quitáramos su provisión (de $5 a la semana) y la enseñáramos a ganar dinero.

Cuando detuvimos su provisión, la respuesta de Allison fue inmediata: negativa e intensa. Vigorosamente, proclamaba nuestro error en cada oportunidad disponible (especialmente, con sus abuelos). Nos debatía (era muy buena) hasta que se dio cuenta que Amy y yo estábamos determinados.

Luego, Allison cambió su considerable poder de voluntad para hacerse cargo de su situación financiera. Vendió galletas (con éxito limitado); escribió, compuso y vendió un periódico en el vecindario (más exitoso porque ella pensó en incluir artículos positivos acerca de cada vecino). Trabajó duro de manera consistente y estuvo emocionada cuando ganó más de lo que era su provisión, después de su primer mes sin ella.

Su gran paso al éxito ocurrió cuando tuvo una idea. Debido a que estaba en la escuela elemental, usaba lápices. Se dio cuenta que otros niños no solamente usaban, sino que agotaban sus lápices y siempre necesitarían comprar más. Su gran visión combinó ese descubrimiento con otra idea. Se había sentido profundamente influenciada por las actitudes positivas que encontraba, mientras nos ayudaba con mi carrera como conferencista motivacional cristiano y entrenador. Ella creía que, si los niños de su edad pudieran verse expuestos a un impulso positivo, podrían más fácilmente avanzar hacia la vía del éxito. Decidió crear lápices listos para la escuela impresos con lemas positivos.

Su primer diseño decía: «LA ACTITUD LO ES TODO», seguido de: «PUEDES HACERLO» y «CREE EN TI MISMO Y VAS A TRIUNFAR».

104 formas de energizar tus días

Por más de una docena de años, promovió su negocio (llamado pronto: Positive Pencils International). Monitoreó su éxito, se expandió en cada oportunidad y dio el diezmo con sus ganancias a su iglesia cristiana y a otras causas cristianas (especialmente a programas de radio de niños de Enfoque a la Familia).

Su espíritu empresarial la condujo a hacer su solicitud en la facultad de derecho después de graduarse de la universidad. Fue aceptada, terminó y luego fue admitida al Colegio de Abogados de Kentucky. Estuvo empleada por un juez un año, sirvió como abogada asistente del condado procesando casos de abuso infantil por cuatro años y con el tiempo, se convirtió en abogada de bancarrota.

Luego, ella sintió el llamado de postularse para una oficina estatal y utilizó sus habilidades empresariales probadas para llevar a cabo su campaña a nivel estatal. Después de ganar las primarias republicanas, fue decisivamente elegida como tesorera estatal de Kentucky (La oficial financiera en jefe del estado) por 22 puntos. Sus 571.000 votos fueron los votos totales más altos para ningún otro candidato o partido (incluyendo gobernador).

No puedes predecir las consecuencias de las decisiones tempranas. Dios utilizó el entrenamiento temprano de Allison y la respuesta positiva a la opción que le dimos para desarrollar la actitud y la disciplina del éxito. No puedes sobreestimar la importancia de empezar temprano y empezar bien. Estás sembrando las semillas de tu futuro, hoy.

La Biblia dice: «*Pues todo lo que el hombre sembrare, eso segará.*» *(Gálatas 6.7 RVR1960)*

101 - GRANDE

El árbol baobab, nativo de África, es una de las especies de árboles más grandes en el mundo. El tronco crece hasta 30 pies (9,1 m) de grueso, y muchas tribus locales usan los árboles para alojamiento. Una vez que seleccionan un árbol, le hacen un hueco y se crean varias habitaciones para que las habiten las familias. El árbol es conocido por su forma poco común y sus enormes ramas que se extienden hacia arriba, que se parecen a raíces más que a ramas. Debido a esta apariencia extraña, la vieja leyenda árabe dice que los árboles fueron misteriosamente extraídos de raíz y replantados al revés.

En diciembre de 1970, se abrió un hotel de especialidades en una de las pendientes del maravilloso Monte Everest. El hotel, que está ubicado a 12.800 pies (3.901 m) sobre el nivel del mar, se llega al tomar un vuelo de Katmandú o recorrer a pie 12 días hacia la ubicación del centro turístico. Las camas están diseñadas con tanques de oxígeno y todos los cuartos tienen unas vistas asombrosas de 15 de las montañas más altas del mundo.

A finales del siglo 19, el arquitecto James Lafferty (el apellido de soltera de mi madre es Lafferty, pero no sé de ninguna conexión) diseñó un edificio raro en Margate City, Nueva Jersey. Su forma era como la de un elefante que estaba usando su trompa para beber agua. El diseño era enorme: 60 pies (18,3 m) de largo, 65 pies (19,8 m) de alto y en la parte superior, una cubierta de observación que lo hace parecer un howdah (la plataforma tradicional que se usa para andar sobre los elefantes en India) con vista al Océano Atlántico.

En 1883, Lafferty diseñó una estructura de elefante incluso más grande en Coney Island, Nueva York. Era de 122 pies (37,2 m) de alto y tenía una tienda de puros en una de las patas delanteras, un elevador en la otra y escaleras en cada una de las patas traseras. La gente podía rentar habitaciones en cualquier parte del elefante que preferían. Se incendió en 1896.

Todas estas estructuras poco comunes tenían una cosa en común. Todas eran GRANDES.

Cuando yo empezaba mi carrera de conferencista, un amigo me recomendó que leyera un libro escrito por un profesor de la Universidad Estatal de Georgia. Compré el libro, pero no lo leí por varios meses; creí que el título era interesante, pero simplista. Cuando, de hecho, leí el libro, quedé impresionado. Ese pequeño libro alteró la manera como yo veía la vida y el éxito. El título: *The Magic of Thinking Big* (La Magia de Pensar en Grande), expresaba la idea poderosa del libro. Soy diferente hoy porque decidí creer en su contenido.

¿Qué tan grande sueñas? ¿Qué tan alto llegas? ¿Qué tan lejos quieres llegar? Una cosa es cierta: No vas a lograr llegar más allá del nivel de tu meta más grande.

1. Toma un momento para orar pidiendo la guía de Dios.
2. Escribe en una pieza de papel una meta exorbitante, loca y feliz que solo puedas lograr con la ayuda de Dios.
3. Registra lo que estás dispuesto a hacer para lograr esa meta.
4. ¡Empieza!

La Biblia dice en Efesios 3.20 que Dios *«es poderoso para hacer todas las cosas mucho más abundantemente de lo que pedimos o entendemos, según el poder que actúa en nosotros». (RVR1960)*

¡WOW! Eso es GRANDE.

102 - No se trata de ti

Muchos de ustedes no están conscientes de que C.E. Crouse se retiró hace poco. La razón por la que no estás consciente de esto es porque la mayoría de ustedes no lo conocen.

C.E. Crouse trabajó un número de años como socio fundador de una firma pública de contabilidad en Indianapolis, Indiana. Ha estado casado fielmente con Lolita por varias décadas y está cerca de sus hijos y muchos nietos. Tiene una estatura de 6 pies y 8 pulgadas (2,0 m), disfruta grandes todoterrenos (los necesita) y pequeños pueblos. Siempre usa botas vaqueras, los cuales agregan incluso más a su considerable estatura.

C.E. creció en una ciudad pequeña de Kentucky, donde su padre fue un dueño de negocios acaudalado y exitoso. Sus parientes incluyen a la familia Luce de Fort Valley, Georgia, quienes construyeron la compañía Blue Bird Body (conocida por sus autobuses escolares) y la convirtieron en una de las más grandes y respetadas compañías en esa industria.

La semana pasada, asistí a una cena de tributo para hacer honor a C.E. y a su esposa. La gente llegó desde todos los rincones de los Estados Unidos para reconocer los logros de este destacado caballero. El gobernador de Kentucky y el alcalde de la comunidad donde se llevó a cabo la cena, le dieron reconocimientos especiales.

La razón de todos estos reconocimientos fue que C.E. no solamente se había retirado de su firma corporativa, también se había retirado de servir (por 23 años) como el presidente de la Junta de Administradores de la Universidad de Asbury, una institución cristiana altamente respetada de 126 años. Durante su permanencia, invirtió miles de horas, viajó miles de millas, sirvió con dedicación excepcional y guió a la universidad a través de los términos de siete presidentes. Él fue el núcleo de estabilidad de una organización importante. Hizo todo esto con un enfoque brillante e liderazgo inteligente. Peleó batallas, pero debido a su administración justa y honesta, nunca hizo un enemigo. Una cosa más: Nunca recibió una compensación financiera por esos años de servicio y sacrificio. Lo hizo gratis.

He servido en la Junta de Administradores con C.E. por los pasados ocho años. Su ejemplo ha inspirado mi vida. La razón por la que mucha gente se reunió el último viernes para dar tributo a este hombre es porque reconocen la grandeza que está basada en contribuir a las vidas de otra gente.

La lección de este «Punto de Ball» personal es simple: La grandeza no trata de ti; trata de lo que haces por otros. Si quieres ser infeliz, entonces elige el egoísmo. Si prefieres la felicidad, elige dar. El servicio es la ruta de Dios a la grandeza.

La gente llegó en oleadas para dar tributo a este hombre por lo que había hecho por ellos y sus hijos. La gente llegará en oleadas para brindarte tributo cuando dediques tu vida a darles tributo y ayudarles.

La Biblia dice que: «*Dios ama al dador alegre.*» *(2 Corintios 9.7 RVR1960)*

103 - Cómo ganar

Era un día ardiente. Cuando la temperatura alcanzó los 101 grados Fahrenheit (38,3 grados centígrados), la gente comenzó a sentirse visiblemente débil. Los niños pequeños lloraban y se quejaban continuamente ante el inclemente calor que estaba horneando a todos.

Debido a que el asfalto había sido colocado esa mañana, las banquetas y superficies de la calle comenzaron a derretirse; a un número de caminantes sus zapatos les fueron arrancados de los pies por succión, dejándolos varados por el desastre del derretimiento.

Se había invitado a un pequeño grupo de personas seleccionadas, pero llegaron en oleadas 28.000 personas adicionales al usar boletos falsificados. El enorme número de visitantes extra abrumaron los restaurantes y otras instalaciones. Rápidamente, el alimento y las bebidas se agotaron y la gente no lograba encontrar cómo refrescarse.

Debido a una huelga de fontaneros, los propietarios tuvieron que elegir entre hacer funcionar los baños y las fuentes de agua. Eligieron los baños (buena idea), lo que dejó a las multitudes sin agua para beber (en semejante calor).

Una fuga de gas cerró la atracción principal y forzó a las multitudes a dirigirse a otras pocas áreas, lo cual incrementó la sobrepoblación.

Una gigante y meticulosamente detallada réplica de un barco famoso tomó tantos pasajeros que estuvo a punto de hundirse; tuvieron que sacar a la gente precipitadamente.

Los medios de noticias locales y nacionales se burlaron del

día como «Domingo Negro» y predijeron fracaso total para el proyecto.

Era el 17 de julio de 1955, el día que Disneylandia acababa de abrir sus puertas.

Cuando las multitudes se habían ido y las puertas fueron cerradas, Walt Disney tomó una decisión. Reunió a su equipo ejecutivo y anunció que el día les había dado una tremenda oportunidad. La experiencia de manejar 28.000 personas inesperadas moviéndose alrededor de un parque sin terminar, les había dado la oportunidad de aprender cómo manejar tal operación en la realidad y no en teoría.

Entonces, Disney organizó y guió un grupo operativo especial, la cual estudió cada detalle del desastre y desarrolló los planes que eventualmente, condujeron a los magníficos y fabulosos parques de hoy en día.

En términos muy sencillos, Walt Disney supo cómo ganar. Supo cómo aprender de las dificultades, cómo reagruparse y avanzar. ¿Qué tal tú?

Este es un año de posibilidades inexplotadas y potencial que no se ha visto. Es inspirador imaginar lo que puedes hacer este año si tienes el mismo tipo de actitud que Disney.

Con este enfoque positivo, puedes creer en lo mejor, esperar lo mejor y avanzar hacia adelante. Puedes encontrar una manera de ganar.

La Biblia dice en Proverbios 24.3: *«Con sabiduría se edificará la casa y con prudencia, se afirmará.» (RVR1960)*

104 - Ataca rápido

El noqueo más rápido registrado en una pelea de box profesional ocurrió en Lewiston, Maine, el 29 de septiembre de 1946.

El boxeador Ralph Walton estaba en su esquina esperando por el campanazo de entrada cuando decidió ajustar su protector bucal de hule. Apenas había insertado sus dedos en la boca, cuando sonó la campana. Walton volteó hacia arriba para ver a su oponente, Al Couture, corriendo hacia él. Antes de que Walton pudiera sacar sus dedos, Couture rápidamente le dio un golpe en la cara y lo noqueó, dejándolo en la lona; Walton estaba inconsciente. La pelea se terminó; duró la mitad de un segundo.

Lewiston, Maine, también fue el sitio del campeonato de boxeo de peso completo en 1965, entre Sonny Liston y Cassius Clay (después conocido como Muhammad Ali). La mayoría de los fanáticos estaban todavía encontrando sus asientos cuando Clay, sorpresivamente, noqueó a Liston en la primera ronda con un «golpe misterioso» (que está todavía en debate). La pelea solo llevaba 1 minuto y 57 segundos. El combate duró cinco asaltos más, pero Liston nunca se recuperó completamente del primer noqueo en la primera ronda. Clay ganó y se convirtió en el campeón indiscutible de peso completo en el mundo, en una de las peleas más dramáticas de todos los tiempos. *Sports Illustrated* (Deportes Ilustrados) votaron la pelea como el cuarto momento más grande de la historia en el deporte.

Los medios de noticias capturaron a Clay, en una de las escenas más famosas de los deportes modernos, gritando a la multitud: «Soy el mejor».

En estas dos historias, la ventaja llegó al hombre que golpeó primero. Ambos boxeadores ganadores se apoderaron de la oportunidad inmediata y embistieron hacia su futuro. No dudaron, se movieron rápido.

¿Cuántas oportunidades significativas se pierden debido al error de no actuar rápido? Cuando sabes lo que quieres y estás convencido de que la meta vale la pena, entonces, la mejor opción puede ser moverte rápido.

Por años, he enseñado un principio que yo llamo QRT, que simboliza: Quick Response Time (tiempo rápido de respuesta). Aprendí la importancia de esto de la forma difícil. Perdí una oportunidad financiera mayor por esperar el momento perfecto para moverme. El momento perfecto nunca llegó y la oportunidad del negocio se perdió. Ya había investigado mis opciones e invertido una cantidad sustancial; sabía el mejor curso, pero me costó mi tardanza. Me tomó mucho tiempo recuperarme de mis pérdidas de haber perdido esa oportunidad. No fui lo suficientemente rápido.

Cuando hayas examinado tu situación y estés convencido de que has encontrado la mejor ruta, ataca rápido. Puede ser tu única oportunidad de ganar.

1. Haz investigación de forma diligente.
2. Resuélvete.
3. Ataca.

La Biblia dice que «*Los pensamientos del diligente ciertamente tienden a la abundancia.*» *(Proverbios 21.5 RVR1960)*